61
62
60
AF536609
S. Francesco
d. Vigna
36
38
S. Pietro
Apostolo
ISOLA
DI S. PIETRO
Canale S. Pietro
Rio di S. Elena
39
40

insel taschenbuch 5027

Birgit Haustedt

Venedig – Lieblingsorte

LIEBLINGSORTE

REISEFÜHRER

VENEDIG

BIRGIT HAUSTEDT

ENTDECKEN SIE DAS LEBENSGEFÜHL EINER STADT!

MIT FOTOGRAFIEN VON HEIKE OLLERTZ

Insel

Hinweis zu dieser Ausgabe:
Dieser Band ist eine aktualisierte Neuausgabe
des insel taschenbuchs 4566 (Insel Verlag Berlin 2017).

Erste Auflage 2023
insel taschenbuch 5027
Originalausgabe
© Insel Verlag Anton Kippenberg GmbH & Co. KG,
Berlin, 2017, aktualisierte Ausgabe 2023
Alle Rechte vorbehalten. Wir behalten uns auch eine Nutzung
des Werks für Text und Data Mining im Sinne von § 44b UrhG vor.
Umschlaggestaltung und Layout: Marion Blomeyer, München
Illustrationen: Ryo Takemasa, Tokio
Karten: Peter Palm, Berlin
Satz: Greiner & Reichel, Köln
Druck: CPI books GmbH, Leck
Printed in Germany
ISBN 978-3-458-68327-8

www.insel-verlag.de

INHALTSVERZEICHNIS

CASTELLO

DORSODURO

GIUDECCA UND SAN GIORGIO MAGGIORE

AUSFLÜGE

Vaporetto-Fahrt auf dem Canal Grande

Ein sanftes Schaukeln, ein leichtes Schwanken: Noch bevor der Verstand es fassen kann, stellt sich im Körper bereits das erste Venedig-Gefühl ein: beim Warten auf ein *vaporetto*, ein Linienboot. Denn die *imbarcadèri*, die Haltestellen, schwimmen auf dem Wasser. Der Gleichgewichtssinn ist gefordert, erst recht, wenn man auf dem Schiff keinen der vor allem von Touristen begehrten Sitzplätze am Bug ergattert hat und stehen muss. Venedig geht einem in die Beine, das ist die erste Lektion, auch wenn man sich nicht selbst bewegt. Doch schon bald geht uns das Ausbalancieren in Fleisch und Blut über.

Selbst wenn man schon oft in

TIPP

EINZELTICKETS FÜR *VAPORETTI* SIND TEUER, DESHALB BESSER MEHRTAGESTICKETS BESORGEN, ZUM BEISPIEL AM ACTV-SCHALTER, PIAZZALE ROMA

TRAGHETTI FAHREN U.A. ZWISCHEN SANTA SOFIA UND MERCATO DI RIALTO, S. TOMÀ UND SANT'ANGELO, PUNTA DELLA DOGANA UND CALLE VALLARESSO

Venedig war, für die Augen ist eine *Vaporetto*-Fahrt auf dem *Canal Grande* immer wieder ein Ereignis. Frühmorgens, wenn die Gondeln noch in Reih und Glied am Ufer liegen und auf dem Wasser nur Transport- und Gemüseschiffe unterwegs sind, lassen die ersten Sonnenstrahlen die Paläste leuchten. Etwas später, kurz vor Geschäfts- und Schulbeginn, wird es dann voll auf den *vaporetti*, nun drängen sich hier Männer in gutsitzenden Anzügen, kunstvoll geschminkte Frauen und Kinder in Schuluniformen – auch die Venezianer selbst sind ein Schauspiel. Vermeiden sollte man die Zeiten ab dem späten Morgen, wenn die anderen Touristen die *vaporetti* kapern. Ein besonderes Erlebnis aber sind Fahrten des Nachts, wenn die Füße müde sind und nur noch die Augen wandern, wenn hin und wieder hinter hellerleuchteten Fenstern kostbare Kronleuchter, goldverzierte Holzdecken oder Deckenfresken aufblitzen, während andere Paläste in geheimnisvollem Dunkel liegen – wie gern würde man da hinter die Kulissen blicken!

Es gibt eine schnelle *Vaporetto*-Linie mit wenigen Stationen, die Linie 1 aber mäandert hin und her auf dem Kanal, was den Vorteil hat, dass sich immer wieder neue Perspektiven auf Paläste und Sehenswürdigkeiten ergeben – wie auf den *Palazzo Vendramin*, die *Ca' d'Oro*, die Rialtobrücke oder die *Salute*-Kirche.

Zum Übersetzen von einer Kanalseite zur anderen sind allerdings eher die *traghetti*, die Gondelfähren, zu empfehlen, weil die Fahrt mit ihnen nicht nur schneller ist, sondern auch ein besonderes Erlebnis darstellt. Es gibt sie nur an wenigen Stellen, oft nur vormittags und dann erst wieder bei Geschäftsschluss, denn sie werden vor allem von Venezianern benutzt. Bezahlt wird an Bord, zwei Gondolieri setzen maximal vierzehn Passagiere über, alle stehen. Im Nu ist die Fahrt vorbei, doch wer die teuren Touristengondeln vermeiden will, hat so wenigstens für Momente eine Ahnung davon, wie sich Fahrten auf dem *Canal Grande* vor 150 Jahren anfühlten, als es noch keine Motorboote gab.

Ob mit Gondel, *traghetto* oder *vaporetto*: Ist man wieder an Land, spürt man immer noch die Wellen und die Schiffsbewegungen in den Beinen, manchmal sogar überall im Körper – und ganz wird man dieses Gefühl während des gesamten Aufenthalts in Venedig nicht los. Auf diese Weise aber lernen wir, dass wir uns in einer Stadt befinden, die nicht am Wasser, sondern im Wasser liegt.

San Polo und Santa Croce

VAPORETTO SAN SILVESTRO ODER RIALTO MERCATO

Caffè del Doge

Der Eingang ist versteckt, davor stehen zwei weiße Plastikstühle und ein Sonnenschirm. Zufällig gerät man nicht hierher. Innen ist es großzügig und freundlich: Das *Caffè del Doge* ist eine ganz normale italienische Café-Bar, und genau das macht ihren Charme aus. Eilige nehmen morgens auf dem Weg zur Arbeit schnell ein Cornetto (empfehlenswert!) und einen *caffè*, halten kurz Schwatz mit dem *barista*, dann geht's weiter. Später haben die arroganten Gondolieri von der Rialtobrücke ihren Auftritt. Immer wieder flitzt ein Laufbursche mit Kaffee in die umliegenden Geschäfte. An den Tischen zeitunglesende Damen mit Hündchen und natür-

CAFFÈ DEL DOGE
CALLE DELLE CINQUE
SAN POLO 609
WWW.CAFFEDELDOGE.COM

lich Touristen, die hier behandelt werden wie alle anderen: freundlich, schnell und selbstverständlich. Auch die Preise sind moderat. Trotz seines herrschaftlichen Namens ist das Caffè del Doge ein demokratischer Ort, weltoffen und gesellig.

Auffällig ist der Verzicht auf Venedig-Folklore und Venedig-Nostalgie. Statt sich zum Beispiel auf Goldonis berühmtes Stück *La Bottega del Caffè* zu berufen, steht an der Decke ein Motto von Claudio Magris: »Das Kaffeehaus ist eine platonische Akademie – in dieser Akademie wird nichts gelehrt, aber man lernt Geselligkeit und Nüchternheit. Man kann plaudern, erzählen – aber niemals predigt man, niemals hält man Versammlungen ab, niemals erteilt man Unterricht.« Der Schriftsteller und Germanist Claudio Magris ist selbst ein begeisterter Kaffeehausbesucher in seiner Heimatstadt Triest, das Zitat stammt aus seinem Werk *Microcosmi* (*Die Welt en gros und en détail*), für das er 1997 mit dem wichtigsten italienischen Literaturpreis, dem *Premio Strega*, geehrt wurde.

Der Kaffee hier kommt von überall her, wo guter Kaffee angepflanzt wird. Auch das erfahren wir an den Wänden: Es gibt Mischungen aus Kuba, Indien, Guatemala, Peru oder Brasilien. Serviert wird der Kaffee auch in exotischen Variationen wie z. B. *à la marocain*. Besonders gut aber schmeckt die Hausmischung, deren extra milde Röstung in den 1950er Jahren von Cavalier Ermenegildo Rizzardini erfunden wurde. Sie wird auch verkauft. Mit ihrem dekorativen Design – einem stilisierten roten Dogen im Profil – ist beispielsweise die 125-g-Packung ein schönes Mitbringsel.

VAPORETTO RIALTO (GEGENÜBERLIEGENDE SEITE DES CANALS)
ODER RIALTO MERCATO

Der Gobbo vom Rialto

IL GOBBO DI RIALTO
CAMPO SAN GIACOMO DI RIALTO
SAN POLO

TIPP

OSTARIA AL DIAVOLO E L'AQUASANTA
CALLE DELLA MADONNA
SAN POLO 561/B
TEL. 041 277 03 07

Ein Pfund von seinem Fleisch soll Kaufmann Antonio hergeben, wenn er dem Geldverleiher Shylock den Kredit nicht rechtzeitig zurückzahlt. Ein merkwürdiger Vertrag, der in Shakespeares *Kaufmann von Venedig* die Hauptrolle spielt. Ob ein solcher Vertrag im realen Venedig tatsächlich gegolten hätte, ist unklar. Aber in Venedig galt als oberste Devise: Vertrag ist Vertrag, daran muss man sich halten. Denn auf Verträge mussten sich Kaufleute und Händler verlassen können, das war die Arbeitsgrundlage ihrer Geschäfte.

Für die Durchsetzung sorgten nicht nur die Politiker und Rechtsanwälte, sondern sogar die Kirche. Das ist noch heute

sichtbar am *Campo San Giacomo di Rialto*, dem einstigen ökonomischen Zentrum Venedigs. Alles war hier dem Gesetz des Kaufmanns unterworfen – sogar die Kirche San Giacomo. Sie ist eine der ältesten der Stadt und soll bereits 491, im offiziellen Gründungsjahr Venedigs, erbaut worden sein. Das ist nicht gesichert, aber alt ist der Bau jedenfalls, der Baukörper stammt aus dem späten 11. Jahrhundert. Eine Inschrift im Giebel lautet: »Möge rund um die Kirche das Gesetz für die Kaufleute gerecht, mögen die Gewichte exakt und die Verträge ehrlich sein.« Doch die Kirche beließ es nicht nur beim moralischen Appell, sondern bot der Wirtschaft auch praktische Unterstützung und stellte den Bankern ihre Säulenhalle aus dem 12. Jahrhundert zur Verfügung. Hier im Schatten durften sie ihre *Banchi* aufstellen und quasi unter der Schirmherrschaft der Kirche ihren Geschäften nachgehen.

Der Kirche gegenüber hatte die Staatsgewalt ihren Ort: Unter der dortigen Arkadenreihe wurden die Gesetze der Republik wie Abgabenverordnungen und Steuerbestimmungen verkündet. Daneben ist eine seltsame Skulptur zu sehen, die von Bildhauer Pietro di Salò 1541 geschaffen wurde: *Il Gobbo di Rialto*, der Bucklige vom Rialto – ein nackter Mann, der ganz gebeugt von schwerer Last hockt. Ein merkwürdiger Zeuge für Gesetzesverkündungen: keine strahlende Justitia mit Schwert, sondern eine hässliche Figur, einer der Verlierer dieser Handelswelt. Dem entspricht die Funktion, die dem *Gobbo* im Zusammenhang mit der Bestrafung von Gesetzesverstößen zukam. Wer etwas stahl oder bei Gewichten schummelte, musste einen Spießrutenlauf über sich ergehen lassen, der durch die Stadt über die Rialtobrücke führte und beim *Gobbo* endete. Sahen die Delinquenten die Skulptur, hatten sie es fast geschafft: Nachdem sie ihm die Füße geküsst hatten, war die Strafe beendet.

Im Laufe der Zeit bekam der *Gobbo* dann eine andere Funktion und wurde zu einer sprechenden Statue, einer Art Sprachrohr der kleinen Leute. Wie am *Pasquino* in Rom brachten hier Unzufriedene Kritik und Schmähschriften gegen die Regierung und die Mächtigen an. Interessanterweise gibt es auch bei Shakespeare eine Figur namens Gobbo: der blinde Vater von Shylocks Diener. Er ist im Stück der einzige Nichtjude, der dem Juden Shylock vorbehaltlos und mit Sympathie begegnet. Ob Shakespeare den *Gobbo vom Rialto* kannte, ist nicht überliefert. Doch auch unabhängig davon lässt sich die fast fünfhundert Jahre alte Skulptur als Symbol der vielen Lastenträger und anderen kleinen Leute vom Rialtomarkt verstehen, ohne deren körperliche Arbeit und Mühsal die Kaufleute von Venedig nicht so reich geworden wären.

3

VAPORETTO RIALTO MERCATO ODER RIALTO

Die Pescheria

Anderswo verkauft man Fisch in hässlichen Lagerhallen am Stadtrand, in Venedig aber wird selbst der Fischmarkt wie ein Gemälde in Szene gesetzt: Die *Pescheria* ist mit ihrer hellen Arkadenreihe und den wehenden karmesinroten Vorhängen selbst unter den vielen prächtigen Palästen am *Canal Grande* ein absoluter Hingucker.
Für Venezianer stellt der Fischmarkt seit jeher einen Bestandteil ihrer Stadt dar, den man nicht verstecken muss – im Gegenteil. Hier wird seit tausend Jahren Fisch verkauft, Fisch und Meerestiere gehörten schon immer zu den Hauptnahrungsmitteln. Auch der einfachste Fischhändler präsentiert seine Fische

PESCHERIA
CAMPO DELLA PESCHERIA
DI - SA VON 8 - 14 UHR.
FRÜH IST ES AM INTERESSANTESTEN!

wie ein Kunstwerk, nach Farbabstufungen von Weiß über zarte Perlmutttöne bis zu den silbern schimmernden Sardinen. Daneben, unterbrochen vom hellgrünen Tang, *calamaretti* und *polipi* in Anthrazit- und Schwarztönen.

Der Verkauf wurde schon früh streng kontrolliert, wie eine Tafel zeigt, auf der die Mindestgröße für Fisch vorgeschrieben war, um den Fischbestand zu schützen. Das passte Fischern, Händlern und Gourmets ebenso wenig wie die strenge Preisfestsetzung durch die Ämter. Viele waren froh, als die französischen Besatzer 1807 diese Gesetze aufhoben. Doch seither ist der Fischbestand in der Lagune stetig zurückgegangen – zwar nicht nur wegen Überfischung, sondern auch durch giftige Abwässer der Petrolindustrie. Viele typisch venezianische Fische gibt es nicht mehr, viele Muscheln sind nicht mehr genießbar. Inzwischen sind Fisch und Meeresfrüchte aus der Region eher selten. Doch die Händler verstehen nach wie vor nicht nur alles von Fisch, sondern dekorieren ihre Ware mit großem Schönheitssinn. Auch wenn viele Fische nicht mehr aus der Lagune stammen, ist ein Gang durch die *Pescheria* noch immer ein ästhetisches Erlebnis.

Das Gebäude ist übrigens nicht echt gotisch, sondern wurde erst 1907 gebaut. Im 19. Jahrhundert wurde das gesamte Areal am *Rialto* neu geordnet. Statt der vielen kleinen Stände ohne Schatten wollte man eine riesige Halle, eine hochmoderne Eisenkonstruktion nach Vorbild der Pariser Hallen. Doch dagegen protestierten alle, Intellektuelle ebenso wie Fischhändler und Ladenbesitzer. Den Venezianern war etwas anderes wichtig: Die Halle sollte zu den anderen Gebäuden am *Canal Grande* passen. Ein schwieriges Bauprojekt, alle Betroffenen wollten mitreden, zwischen Planer und ausführendem Architekten gab es jede Menge Streit. Doch am Schluss setzte sich der Entwurf von Cesare Laurenti (1854-1936) durch – einem heute unbekannten Maler, der sich von einem berühmten Vorgänger hatte inspirieren lassen. Sein Vorbild für die neue Fischhalle war die zweistöckige Loggia links auf dem Bild *Wunder der Kreuzreliquie an der Rialtobrücke* von Vittore Carpaccio (1494), das in der *Accademia* zu sehen ist.

VAPORETTO SAN STAE

Museo di Palazzo Mocenigo

Wer Bilder venezianischer Maler betrachtet, ist immer wieder erstaunt über die prunkvollen Gewänder und Stoffe, die Reichtum und Geschmack der Auftraggeber beweisen sollten. Dass die Stoffe auf Bildern Carpaccios oder Tizians wirken, als könnte man sie anfassen, liegt aber nicht nur an den Fähigkeiten der Maler, sondern auch an der Kunst der venezianischen Stoffmacher. Die Venezianer handelten nicht nur mit Stoffen aus dem Orient, sondern stellten seit dem 13. Jahrhundert auch selbst solche Stoffe her. Von persischen und türkischen Mustern inspiriert, entwickelten sie bald eine eigene typisch venezianische Stoffkunst. Besonders berühmt war Venedig

MUSEO DI PALAZZO MOCENIGO
SALIZADA DI SAN STAE
SANTA CROCE, 1992
WWW.MOCENIGO.VISITMUVE.IT
TEL. 041 72 17 98

TIPP

OSTERIA MOCENIGO
SALIZADA DI SAN STAE
SANTA CROCE 1919
TEL. 041 523 1703
INTERESSANTE KREATIONEN WIE *CALAMARI* MIT RADICCHIO GEFÜLLT ODER THUNFISCHTARTAR, ABER AUCH DIE KLASSISCHE *FRITTURA DI PESCE* SCHMECKT HIER GUT! NETTER SERVICE.

für seine Samtstoffe. Die Samtmacher, die *veluderi*, bereits seit 1347 eine eigene Zunft, erfanden immer wieder Neues: gekräuselten Samt, geschnittenen Samt, Samt mit Reliefmustern und die berühmten mit Gold- oder Brokatfäden durchwirkten Gittersamtstoffe.

Aus solchen Stoffen sind auch die Kleider gemacht, die im Mode- und Kostümmuseum im *Palazzo Mocenigo* ausgestellt werden. Die Mocenigo gehörten zu den ältesten und einflussreichsten Familien Venedigs. Kurz vor 1300 in den Adelsstand erhoben, wurden sie unter anderem durch den Handel mit Orientstoffen so reich, dass sie sich im Laufe der Zeit mehrere Paläste leisten konnten. Die Familie stellte sieben Dogen, deren Porträts in der Eingangshalle zu sehen sind. Alvise Nicolò Mocenigo, mit dem dieser Familienzweig 1953 ausstarb, schenkte den Palast 1945 der Stadt Venedig. Vor seiner Wahl wohnte hier der letzte Doge der Familie, der vorletzte Venedigs: Alvise IV., den wir mit Hermelinumhang und goldener Dogenmütze sehen. Seine Frau muss ihn noch übertrumpft haben: Bei den Feierlichkeiten zu seiner Wahl 1763 trug sie ein Gewand aus Goldstoff, das rundherum von einem diamantbesetzten Schleier bedeckt war, dazu goldene Spitze, einen goldenen Gürtel und einen kostbaren Diamantring (im Saal 1 ein

Porträt von ihr aus dieser Zeit). Wie luxuriös die Mocenigo im 18. Jahrhundert eingerichtet waren, verraten Kronleuchter aus Muranoglas, kostbare Weinpokale, Silberbestecke, Spitzentischdecken aus Burano, Stofftapeten aus Brokat und Damast sowie Möbel mit filigranen Intarsien.

Auch die Mode stammt vor allem aus dem 18. Jahrhundert. Die Rokokokleider an originalgroßen Puppen zeigen, wie klein die Menschen damals waren. Einen Exkurs über die zunehmende Verfeinerung eines ursprünglich praktischen Kleidungsstückes stellt eine Vitrine mit fünfzig Herrenwesten dar. Eigentlich zum Wärmen gedacht, wurden die Westen im Laufe der Zeit immer dekorativer: Statt Baumwolle oder Leinen benutzte man Seide mit zarten Stickereien und kostbaren Knöpfen. Besonders interessant sind die offiziellen Togen des Großen Rats der Stadt im Saal 8. Der Rat erließ zwar vielfach Gesetze gegen den Luxus, doch auch die Amtstracht seiner Mitglieder, die nicht nur bei offiziellen Feiern und Sitzungen, sondern auch auf dem Markusplatz getragen wurde, war nicht eben billig. Besonders kostbar die über die Schulter getragene Stola: karmesinroter Samt, bei dem der Flor unterschiedlich hoch geschnitten ist und der dadurch einen besonders nuancenreich schimmernden Farbton erhält.

Einen Abstecher in eine andere Dimension venezianischer Luxusgüterproduktion lohnt die 2013 neu eröffnete Abteilung zur Geschichte des Parfüms, vor allem der Duftparcours, auf dem man Grundsubstanzen alter Parfüms selbst erschnuppern kann.

VAPORETTO SAN STAE

Museo di Storia Naturale

MUSEO DI STORIA NATURALE
SANTA CROCE 1730
WWW.MSN.VISITMUVE.IT

Schon Thomas Mann wusste, dass in den erfolgreichen Kaufmannsfamilien des 19. Jahrhunderts spätestens die dritte Generation sich nicht mehr für das Wirtschaftliche interessierte. So geschah es auch bei der Familie Reali. Der Großvater hatte mit Zucker und Ziegeln ein Riesenvermögen gemacht, das er in Land und Häuser in und um Venedig anlegte. Enkel Giuseppe aber (geb. 1877) war kein Kaufmann, ihn hielt es nicht in der Stadt, alles war ihm zu langweilig. Er wollte weg, weit weg und etwas erleben: Mit Ehefrau Amelia, die seine Leidenschaft teilte, unternahm er zwischen 1898 und 1929 zwölf Großwildjagden im fernen Afrika. Von

dort brachten sie unzählige Trophäen mit, die ihren imposanten Palazzo schmückten. Sie alle hinterließ der Graf dem *Museo di Storia Naturale*. Seit 2010 werden sie im Museum gezeigt. Zwei Räume in tiefem Rot, die Wände bedeckt mit Fellen von Löwen, Antilopen, Zebras und anderen Tieren, in der Mitte ein ausgestopftes Krokodil, dazu unzählige Elefantenzähne. Insgesamt sind es 300 Trophäen eines Hobbys, das man heute kritisch betrachtet. Ein leichter Gruselschauer überkommt einen auch bei dem Gedanken, wie der Graf inmitten dieser toten Tiere gewohnt haben mag, denn die Objekte werden so präsentiert, wie er sie früher in seinem Palazzo arrangiert hatte.

Dies sind nur zwei von vielen Räumen, in denen wir die Ausbeute venezianischer Entdecker und Weltreisender bewundern können – diesem Thema ist eine ganze Abteilung gewidmet. Auf dem Gebiet der Insektenkunde verfügt das Museum sogar über eine der weltweit größten Sammlungen von Hautflüglern. Mehr als zwei Millionen Tier-Exponate besitzt das Museum insgesamt, darunter das 20 Meter lange Skelett eines Finnwals, ein 110 Millionen Jahre altes Dinosaurierskelett und ein Urzeit-Riesenkrokodil. Wer sich spätestens jetzt fragt, was das alles mit Venedig zu tun hat: Schon früh war die Stadt berühmt für ihre außergewöhnlich reichen naturgeschichtlichen

Sammlungen. Solche Mitbringsel von Reisen vermehrten das Prestige der reichen Familien, deren private Sammlungen, im Studio des Palazzo präsentiert, schon im 18. Jahrhundert zu den obligatorischen Etappen eines Venedigbesuchs gehörten. Wer sich mehr für das lebendige Venedig und seine Umgebung interessiert, erhält Einblick in die Artenvielfalt der Lagune in einem fünf Meter langen Meerwasseraquarium.

All das wird in einem der ältesten Gebäude der Stadt direkt am *Canal Grande* präsentiert: im *Fontego dei Turchi*, dessen Fassade aus dem 13. Jahrhundert mit den charakteristischen Zinnen und der breiten offenen Säulenhalle jedermann von Vaporettifahrten kennt. Das Gebäude blickt auf eine bewegte Geschichte zurück: Als Privat-Palast gebaut, wurde es später Handelskontor für osmanische Händler. Als es mit deren Handel bergab ging, verfiel auch der Bau. 1860 war es kaum mehr als eine Ruine. Dann kaufte die Stadt das Gebäude und machte hieraus 1923 das *Museo di Storia Naturale*.

VAPORETTO RIVA DI BIASIO

Campo San Giacomo dall'Orio

»Wenn sie kein Brot haben, sollen sie doch Kuchen essen« – dieser Spruch, der Marie Antoinette zugeschrieben wird, wäre bei Venedigs Armen auf offene Ohren gestoßen. Bei Backwaren waren alle Venezianer anspruchsvoll. Unabhängig vom Einkommen aßen auch die ärmeren Leute nur feines Weißbrot. Dunkle Sorten aus billigerem Getreide rührten sie freiwillig nicht an. Für Weißbrot ging das Volk sogar bei großer Hungersnot auf die Straße. Denn der Senat hatte zwar vorgesorgt und einen riesigen Getreidespeicher gebaut, der immer große Notrationen enthielt. Aber eben keinen teuren Weizen, sondern nur Hirse. Die aber aß die Bevölkerung nur in allergrößter Not.

CHIESA SAN GIACOMO DALL'ORIO
CAMPO SAN GIACOMO DALL'ORIO

PANIFICIO E PASTICCERIA MAJER
SAN GIACOMO DALL'ORIO
SANTA CROCE 1630
TEL. 041 72 14 15
WWW.MAJER.IT

TIPP

IM SOMMER WIRD DIENSTAGABENDS AUF DEM CAMPO TANGO GETANZT.

1569 herrschte wieder einmal Hunger, und Doge Pietro Loredan ließ Hirse aus den Vorräten an die Bäcker der Stadt verkaufen. Das trug ihm den Spottnamen »Hirsedoge« ein. In Venedig bemaß sich die Fähigkeit eines Dogen entscheidend daran, ob er für genug Weizen sorgen konnte. Hirse hingegen galt lange als minderes Lebensmittel und hatte in Venedig keinen guten Ruf – auch nicht in *Santa Croce*, dem Stadtteil, in dem der schmucklose Hirsespeicher *Fontego del megio* lag.

Santa Croce gehört zwar zum historischen Kern Venedigs und ist einer der ältesten Stadtteile, war aber stets ein Viertel der kleinen Leute. Schon immer lebten hier die Ärmeren in bescheidenen Verhältnissen. Obwohl zentral gelegen, galt *Santa Croce* als Hinterhof der Stadt. Das ist auch heute noch zu spüren. Bis auf die Paläste am *Canal Grande* gibt es keine architektonischen Highlights. Die Touristen durchqueren das Viertel meist eilig und drängeln sich auf der Hauptroute vom Bahnhof bis zum Rialto. Schon ein paar Schritte weiter ist man – wie hier auf dem Foto an einem Palmsonntagmorgen auf dem beschaulichen zentralen Platz an der Kirche San Giacomo – fast allein. Trotz ihres Alters – sie wurde im 13. Jahrhundert gegründet – wird sie in vielen Reiseführern kaum beachtet. Dabei hat sie nicht nur schöne Bilder von Paolo Veronese, sondern man fühlt sich im Innern auch ins Mittelalter zurückversetzt.

Auf den alten Hirsespeicher weisen nur noch einige Straßenbezeichnungen hin: der *Sotoportego del Megio* auf dem Weg zum *Campo San Giacomo dall'Orio* und die schmale *Calle del Megio*. Im ehemaligen Hirsespeicher ist heute die Grundschule Alessandro Manzoni untergebracht. Inzwischen gibt es in Santa Croce gute Bäckereien. Die bekannteste, *Majer San Giacomo dall'Orio*, ist nur 50 Meter entfernt vom Campo und berühmt für *dolci* und Festtagskuchen. Vollkornbrot, *pane biologico*, gehört inzwischen selbstverständlich zu ihrem Angebot.

VAPORETTO RIALTO MERCATO ODER RIALTO

Cantina Do Mori

Gegen 11 Uhr ist es schon rappelvoll. Im dunklen Raum, der mit seinen Fässern, Weinflaschen und Kupferkesseln an der Decke wie eine Mischung aus Weinkeller und Küche wirkt, drängeln sich Fischverkäufer, Metzger, Gemüsehändler und Besucher des nahen Rialtomarktes. Man trinkt ein Glas Wein oder einen Prosecco und isst dazu ein paar *cicchetti*, typisch venezianische Häppchen, die hier recht rustikal ausfallen.

Die *Cantina Do Mori* ist das älteste bekannte *bacaro*, eines der Weinlokale, wie sie in der Stadt seit Jahrhunderten überall dort aufkamen, wo Händler, Kaufleute und Reisende sich aufhielten. Jedenfalls gab es das Lokal

CANTINA DO MORI
CALLE DEI DO MORI
SAN POLO 429
TEL. 041 522 5401

MONTE PULCIANO
D'ABRUZZO
ROSATO.
MÜLLER THURGAU
MOSCATO
DEL
VENETO

schon, bevor Kolumbus Amerika entdeckte, denn bereits 1462 konnte man sich hier treffen, um bei einem Happen und einem Gläschen Wein zu plaudern (»*Fa do ciacole gustando un cicheto e bevendo un ombra*«). Ein Glas Wein als *ombra* (Schatten) zu bezeichnen, kommt vom Brauch der Weinhändler, auf dem Markusplatz immer mit dem Schatten weiterzuziehen, um den Wein kühl zu halten. Im *bacaro* besiegelte man gern Verträge mit einem gemeinsamen Trunk. Soziale Unterschiede galten hier wenig: Reiche Patrizier kamen ebenso hierher wie Fischverkäufer vom Rialto, und auch Händler von auswärts wurden rasch Teil der Gemeinschaft.

Heute ist das *Do Mori* eine venezianische Institution, in der immer noch Händler vom Rialto einkehren. Auch viele Touristen kommen vorbei, auf die aber keine Rücksicht genommen wird. Der Ton ist rau, die Kellner hinter dem hellerleuchteten Tresen sind eher ruppig. Sitzplätze gibt es keine, und um etwas zu trinken und zu essen zu bekommen, muss man sich durchboxen und schnell und bestimmt bestellen.

Zu (m)einem Lieblingsort wurde das *Do Mori* an einem winterkalten Märznachmittag. Draußen fegte der Wind, der Markt war längst vorbei, alle anderen Lokale geschlossen, nur das *Do Mori* nicht. Außer uns gab es keine anderen Gäste, was sehr ungewöhnlich ist. Wir wurden schnell bedient, ein Teller mit *cicchetti* und zwei Gläser Prosecco standen vor uns. Doch irgendwie schmeckte nichts, weder die kleine Krake noch der Artischockenboden, nicht einmal der vorzügliche Prosecco, der wöchentlich frisch aus dem Valdobbiadene geliefert wird. Auch die berühmten *francobolli* (delikate mehrschichtige Sandwiches in Briefmarkengröße) gab es nicht. Ihr braucht was zum Aufwärmen, sagte auf einmal der Padrone, stellte sich hinter den Herd seiner kleinen Küche, röstete Brot und holte zwei dicke Scheiben dampfender Wurst aus einem großen Topf: *museto*, eine venezianische Winterspezialität, die aus Schweinskopf zubereitet wird, weshalb ich sie noch nie probiert hatte. Doch jetzt wärmte sie nicht nur, sondern schmeckte auch köstlich und brachte zwei Erkenntnisse: dass authentische Küche Zutaten enthält, die man heute eigentlich nicht anrühren würde. Und dass das *Do Mori* doch ein gastfreundlicher Ort geblieben ist, in dem man sich auch als Fremder wohlfühlen kann.

8

VAPORETTO SAN SILVESTRO ODER RIALTO

Ponte delle Tette

Als Michel de Montaigne 1580 in Venedig weilte, stand ganz oben auf seinem Programm der Besuch einer Kurtisane, damals Pflichtbestandteil jeder Venedigreise. Die Stadt galt als Paradies der Venus für jeden Geschmack und jeden Geldbeutel. 1654 Einträge enthielt der 1566 erstmals erschienene »Katalog der wichtigsten und ehrenwertesten Kurtisanen Venedigs«, der Namen, Adressen, Körperbau, Spezialangebote und natürlich Preise der Damen verzeichnete. Die besten verlangten 25 Goldtaler pro Besuch, wofür ein Arzt damals einen ganzen Monat arbeiten musste, wie Montaigne anmerkte. 150 Huren, so der Philosoph weiter, konnten von sol-

TRATTORIA ANTICHE CARAMPANE
RIO TERÀ DE LE CARAMPANE,
SAN POLO 1911
TEL. 041 524 0165
WWW.ANTICHECARAMPANE.COM
RESERVIERUNG RATSAM!
VAPORETTO SAN SILVESTRO
ODER RIALTO

chen Verdiensten »an Möbeln und Kleidern den Aufwand einer Prinzessin treiben«.

Dass sich Montaigne für die Elite der Huren interessierte, lag nicht allein am Sex: Diese Frauen waren nicht nur außergewöhnlich schön, sie konnten auch alles, was adlige Damen können: malen, dichten, musizieren und Konversation betreiben. Dabei genossen sie mehr Freiheiten als Adlige, die beim geringsten moralischen Vergehen ins Kloster gesteckt werden konnten. Auch in Sachen Mode weckten Kurtisanen den Neid der Edeldamen, weil sie sich mit aufwändig bestickten Stoffen, tief ausgeschnittenen Kleidern und hohen Holzschuhen oft noch prunkvoller kleideten als die Adelsfräulein. Kein Wunder, dass die beiden Frauen auf Carpaccios berühmtem Bild im *Museo Correr* aufgrund ihrer kostbaren Gewänder lange für Kurtisanen gehalten wurden. Erst vor 50 Jahren erkannten Kunsthistoriker, dass es sich um zwei Patrizierinnen handelte.

Einige Kurtisanen heirateten sogar in den Adel ein, andere wurden bekannt, weil Tizian, Tintoretto, Veronese & Co sie – oft nackt – als allegorische Figuren malten. Die berühmteste war Veronica Franco, deren Haus zum Treffpunkt für Adlige, Literaten und Künstler wurde. Sogar der junge König Heinrich III. von Frankreich gehörte zu ihren Besuchern.

Doch die Mehrzahl der käuflichen Frauen – die Zahlenangaben schwanken zwischen 11 000 und 20 000 – lebte unter ärmlichen Bedingungen. *Cortigiane di lume*, Huren für das Volk, gab es seit dem Mittelalter. Die Stadt duldete das Gewerbe, unterwarf die Frauen aber strengen Regeln, die Arbeitszeiten, Preise und Steuern betrafen. Ab 1360 wurden die Huren zudem in von Stadtbeamten bewachte Gebiete gesperrt. Abschaffen wollte der Magistrat die Prostitution aber nicht, denn der Staat profitierte von den hohen Steuern, und für viele adlige Familien waren Bordelle ein beliebter Gelderwerb. Der Familie Rampani zum Beispiel gehörten viele Häuser in *San Polo*, die als Bordelle genutzt wurden. Die Gegend heißt noch heute *Carampane* aus Ca' (= Haus) und Rampane.

Den Zugang bildet eine kleine Brücke, die *Ponte delle tette*. Der ungewöhnliche Name »Brücke der Brüste« rührt daher, dass sich hier auf Befehl des Stadtrats die Huren halbnackt präsentierten – zum einen, um die weit verbreitete Homosexualität einzudämmen, zum anderen, um den für den Stadtsäckel lukrativen Er-

werbszweig noch attraktiver zu machen.

Mit Stadtplan ist die Brücke im Gassengewirr *San Polos* nur schwer zu finden. Meist landet man eher zufällig an diesem heute stillen, fast romantischen Ort. Prostitution gibt es hier längst nicht mehr, nur der Name der renommierten Trattoria *Antiche carampane* gleich hinter der Brücke verweist noch auf die Geschichte des Ortes. Die Küche ist etwas preziös, ich erinnere mich aber an hervorragende *polpette di granchio*, Frikadellen aus Krebsfleisch. Gehobene Preise.

VAPORETTO SAN TOMÀ

Die Forcola-Werkstatt von Franco Furlanetto

FRANCO FURLANETTO
CALLE DELLE NOMBOLI
SAN POLO 2768/B
TEL. 041 520 95 44
WWW.FFURLANETTO.COM

Ein glattpoliertes Stück Holz von Walnuss, Birne oder Kirsche, geformt wie ein dreidimensionaler Violinschlüssel oder eine abstrahierte Schnecke: Was aussieht wie moderne Holzkunst à la veneziana, ist eine gewöhnliche *forcola*, eine Rudergabel, wie sie von alters her für Gondeln benutzt wird. Für Außenstehende ein eher unspektakuläres Teil des Bootsdesigns, entscheidet sie jedoch maßgeblich über Schnelligkeit und Wendigkeit des Bootes. In ihren offenen Rundungen ruht das Ruder, bevor der Gondoliere zum nächsten Ruderschlag ansetzt. Die *forcola* sorgt dafür, dass er dabei möglichst wenig Kraft benötigt und auch in engen Kanälen manövrie-

ren, rückwärts fahren, ausweichen oder blitzschnell den Kurs korrigieren kann. Technisch gesprochen stellt sie so etwas wie die Gangschaltung der Gondel dar. In Franco Furlanettos Worten ist sie das Herzstück der Gondel. Der Rudermacher hat sich nicht nur auf den Bau von *forcole* spezialisiert, er hat sich auch intensiv mit der Geschichte solcher Details beim Gondelbau beschäftigt. Das Ergebnis kann man nachlesen auf den Infoblättern, die in seinem kleinen Werkstattladen auf Deutsch, Englisch und Italienisch ausliegen. Alles sehr gut verständlich, auch für uns Laien. Noch mehr verstehen wir aber, wenn er selbst erzählt, etwa, dass die heutige *forcola* Ergebnis jahrhundertelanger Rudererfahrung sei. Auf Bildern von Carpaccio bis Tiepolo könne man studieren, wie sie immer wieder modifiziert wurde. Bei Carpaccio ist die Rudergabel noch flach mit meist zwei Einkerbungen, bei Tiepolo im 18. Jahrhundert hat sie bereits eine dreidimensionale Schwingung. Und noch heute experimentiert Furlanetto, um die Form zu optimieren.

Der sympathische Mann mit der sportlichen Figur weiß, wovon er spricht, nicht nur in der Theorie, sondern auch in der Praxis. Bei vielen Regatten ist er selbst mitgerudert, die Trophäen, Fotos und Vereinswimpel hat er stolz in seinem Laden postiert. Als er von den Freuden des Regattaruderns schwärmt, erfahren wir noch eine wichtige Besonderheit: Jeder Gondoliere hat eine nur auf ihn zugeschnittene *forcola,* sie passt genau zu seinem Gewicht, seiner Größe, vor allem seiner Kniehöhe. Klar, dass jeder Gondoliere das gute Stück selber pflegt, am besten mit Leinöl.

Gelernt hat Franco Furlanetto bei Severio Pastor, einem der Großen der schon seit 1307 bestehenden Handwerkerzunft der Rudermacher. Pastor ist ein Star unter den traditionell arbeitenden Handwerkern Venedigs und viel international unterwegs. Bei ihm kann man *forcole* ganz bequem im Netz kaufen. Bei seinem Schüler Furlanetto ist alles etwas bescheidener, vor allem der Vertrieb. Doch auch er verkauft wunderschöne *forcole*, in Originalgröße oder als Mini-Modell. In jedem Fall ist eine *forcola* ein besonderes Souvenir, das man sich wie ein Kunstwerk ins Wohnzimmer stellen kann. Schöne Mitbringsel sind auch die Notizhefte mit Gondelapplikationen, die Furlanetto ebenfalls selbst gestaltet.

VAPORETTO SAN TOMÀ

Casa di Goldoni

In diesem Haus im *Sestiere San Polo* kam Carlo Goldoni am 25. Februar 1707 zur Welt und wuchs als »Liebling des Hauses« behütet auf. Die Arbeitsverteilung war klar: »Meine Mutter sorgte für meine Erziehung, mein Vater für mein Vergnügen.« Früh lernt er lesen und schreiben, die Mutter engagiert eigens für den begabten Knaben einen Hauslehrer. Doch die Idylle ist bald zu Ende, das Familienvermögen futsch. 1712 stirbt der Großvater und hinterlässt nichts als Schulden. Auch der Vater war kein Geschäftsgenie, floh bald nach Rom und ließ Frau und Kind in Venedig zurück. Carlo wächst nur unter Frauen, mit Mutter, Tante und seiner geliebten Kinderfrau

CASA DI GOLDONI
CALLE DEI NOMBOLI
SAN POLO 2794
TEL. 041 275 93 25
WWW.CARLOGOLDONI.VISITMUVE.IT
HIGHLIGHT DES MUSEUMS:
DAS PUPPENTHEATER AUS
DEM 18. JAHRHUNDERT

auf. Vom Vater bleiben ihm nur ein Marionettentheater und eine kleine Sammlung von Komödien, die der Knabe mit Begeisterung verschlingt.

Mit acht Jahren schreibt er selbst die erste Komödie. Die Kinderfrau lacht, die Tante spöttelt, die Mutter tadelt ihn und ist zugleich stolz, sorgt aber dafür, dass ihr Sohn einen soliden Beruf ergreift. Er lernt in der Kanzlei seines Onkels, studiert Philosophie bei den Dominikanern in Rimini, macht seinen Doktor der Rechte in Padua und wird schließlich Sekretär am Kriminalgericht in Chioggia.

Doch wie Großvater und Vater gibt er gern Geld aus, ist immer wieder pleite, und auch eine andere Leidenschaft der väterlichen Familie teilt der junge Mann: In ganz Venedig ist er berüchtigt für seine Affären. Als er ein Verlobungsversprechen bricht, muss er sogar aus der Stadt fliehen. Für ihn ein Glück, denn er schließt sich einer Schauspieltruppe an, deren Impresario schnell Goldonis Talent erkennt. Das ist der Beginn seiner Karriere als Theaterdichter, 1736 erhält Goldoni sogar die Leitung des *Teatro San Giovanni Crisostomo* (heute *Teatro Malibran*). Seine Stücke werden schnell berühmt, weil sie sich von der damals vorherrschenden *Commedia dell'arte* mit ihren immer gleichen Typen und Geschichten radikal unterschieden. Mehr Realität auf der Bühne war sein Credo, er wollte zeigen, was im wirklichen Leben passiert und vor allem, wie im wirklichen Leben gesprochen wurde. Inspirieren ließ er sich dabei überall. Aus Kaffeehausbesuchen entstand das berühmte Stück *La bottega del caffè*. Das Publikum erkannte sich in den geschliffenen Dialogen wieder und lachte über die eigenen Schwächen. Doch je erfolgreicher Goldoni wurde, desto mehr Gegner rief er auf den Plan. Wie Pietro Chiari, einen ehemaligen Jesuiten, der für seine Goldoni-Parodien gefeiert wurde. Und vor allem Carlo Gozzi, der die alte *Commedia dell'arte* als romantische Märchenspiele wiederbelebte und damit viel erfolgreicher als Goldoni wurde. Über die Jahre zermürbte das Goldoni so, dass er 1762 nach Paris übersiedelte. Anfangs noch gefeiert, starb er dort 1793 völlig verarmt. Doch während Chiari heute kein Mensch mehr kennt und Gozzis Texte nur noch als Opernvorlagen bekannt sind, wird Goldoni noch immer inszeniert. Goethe sah 1786 *Viel Lärm in Chioggia*, war begeistert und lobte Goldoni als Autor, »der aus nichts den angenehmsten Zeitvertreib seinem Volck verschafft« habe. Aber das Komödiantische allein ist es nicht, was ihn später dazu bewegt, Goldonis *Diener zweier Herren* in Weimar uraufzuführen. Denn Goldonis Stücke sind bei aller Komik immer auch tragisch, man lacht auch über die Abgründe der menschlichen Seele. Kennengelernt hatte er diese in seinem Beruf, den er der Mutter zuliebe ergriffen hatte. Seine Arbeit am Kriminalgericht in Chioggia bezeichnete er später als »lehrreiche(n) Unterricht zur Kenntnis des menschlichen Herzens«.

VAPORETTO SAN TOMÀ

Masken-Marega

Karneval in Venedig: Touristenspektakel oder »schönstes Maskenfest der Welt«? Beides stimmt: Die Venezianer machten aus dem mittelalterlichen Volksfest eine Kunstform und schon seit Jahrhunderten aus dem Karnevalstourismus ein lukratives Geschäft.

Anfangs unterschied sich das 1094 erstmals erwähnte Fest kaum vom Karneval anderer Städte: In grotesken Kostümen besetzte das einfache Volk die Plätze der Stadt und herrschte für die Dauer des Karnevals. Doch bald mischten sich in Venedig auch die *nobili* unters Volk. Seit 1162 richtete der Doge zur Feier eines Sieges über Aquilea ein großes Karnevalsfest für

ATELIER MAREGA
SAN POLO 2940/B
TEL. 041 717966
WWW.MAREGA.IT

alle aus. Vielleicht entstand damals das ungewöhnliche Faible der Patrizier für den Karneval. Jedenfalls wurde es in Venedigs Adelskreisen üblich, auch außerhalb der Karnevalszeit Masken zu tragen, ob im Spielsalon, im Theater oder zum Staatsbankett. Wie sehr Masken im 18. Jahrhundert den Alltag prägten, zeigen Bilder von Longhi und Guardi.

Das klassische Kostüm für Männer und Frauen war der *tabarro*, ein schwarzer (manchmal auch heller) Kapuzenumhang aus Samt oder Seide und eine schwarze oder weiße *maschera*, die nur bis zum Mund reichte, um Sprechen, Essen und Trinken zuzulassen. Der Dreispitz komplettierte ein Outfit, das in einer Stadt, in der jeder jeden kannte und strenge Regeln herrschten, dennoch erlaubte, inkognito zu tun, was man wollte.

Diese Freiheit genossen die Venezianer besonders seit dem wirtschaftlichen Niedergang der Stadt im 17. und 18. Jahrhundert. Die Karnevalszeit wurde immer länger, fast sechs Monate amüsierte man sich und genoss andernorts verbotene erotische Freuden. Das wollten sich auch die Reichen und Schönen Europas nicht entgehen lassen. Der Karneval wurde bevorzugte Reisezeit der Adligen, selbst Könige genossen das Inkognito in der Metropole des Vergnügens. Venedig verdiente daran: Selbst bei privaten Maskenfesten zahlte man hohe Eintrittsgelder, Maskenhersteller und Kostümbildner hatten gut zu tun, Adlige vermieteten ihre *Palazzi* zu Höchstpreisen. Die Karnevalsaison wurde so wichtig, dass man einmal sogar den Tod des Dogen zwei Wochen geheim hielt, um sie nicht abzubrechen müssen.

Das Karnevalsfieber erfasste auch kritische Geister aus dem Norden. Sogar Goethe ließ sich anstecken. Weil die Venezianer schon Anfang Oktober kostümiert waren, überkam auch ihn 1786 die »Lust, mir einen Tabarro anzuschaffen«. Zwar bereute er die Ausgabe von 15 Scu-

di, doch später ließ er sich von Tischbein in einem solchen *tabarro* malen.
Heute gibt es überall in Venedig Läden mit billigen Masken, meist Importe aus Fernost. Historische Masken und Kostüme findet man nur an wenigen Orten wie im *Atelier Marega*. Rokokokleider, Samtumhänge, feine Seidenhosen: Jedes Detail der historischen Kostüme stimmt, dafür sorgt Schneiderin Silvia in der Werkstatt nebenan. Die Masken in elegantem Schwarz oder schlichtweiß, mit Spitzen, Federn, Goldrand oder Perlen sind alle von Herrn Marega und Gehilfen handgefertigt. Man kann ihnen bei der Arbeit zusehen und sich sogar unter Anleitung selbst eine Maske basteln. Ein schönes Souvenir, für Karnevalfan Marega aber nur eine halbe Sache: Man müsse schon mitmachen, wenigstens einmal in eine andere Identität schlüpfen. Im tiefdekolletierten Rokokokleid werde selbst die Jeansträgerin zur stolzen venezianischen *contessa*, schwärmt er. Masken, Kleider und Accessoires kann man bei ihm kaufen oder leihen, auch passende Events organisiert er jedes Jahr. Wie seit Jahrhunderten in Venedig gehen auch bei ihm Karnevalsleidenschaft und Geschäftssinn Hand in Hand.

12

VAPORETTO SAN SILVESTRO ODER RIALTO MERCATO

Trattoria alla Madonna

Für ein romantisches Dinner in Venedig gibt es kaum einen schöneren Platz als die Restaurants am Wasser in der Nähe der *Rialto*-Brücke. Besser essen kann man allerdings einige Schritte weiter, in der Seitengasse *Calle della Madonna* in der *Trattoria alla Madonna*. Die Gasse ist eng und finster, der Eingang wirkt wie eine Hintertür der luxuriösen Etablissements am *Canal Grande*. Doch sobald man die Trattoria betreten hat, wird es fein. Warmes schimmerndes Licht, links eine hellerleuchtete Anrichte mit Fisch, Obst und Desserts, rechts eine Garderobe wie im Theater, mit einer Garderobenfrau, die Anoraks und Rucksäcke von Touristen eben-

TRATTORIA ALLA MADONNA
CALLE DELLA MADONNA
SAN POLO 594
TEL. 041 522 3824
WWW.RISTORANTEALLAMADONNA.COM

so höflich entgegennimmt wie das Designerstück einer Venezianerin. Dann wird man platziert, einfach setzen kann man sich hier nicht – Platz aber findet sich meist, denn das Lokal hat 200 Sitzplätze. Es gibt gestärkte Tischdecken, Stoffservietten, Silberbesteck und schönes Porzellan. Ein bürgerliches Lokal wie aus 1950er Jahren (in denen das Lokal tatsächlich auch eröffnet wurde). Auch wenn man modemäßig nicht mit den vielen italienischen Gästen mithalten kann, fühlt man sich gleich wohl, weil man von einem der klassisch gekleideten Kellner rasch und professionell bedient wird. Auf der umfangreichen Speisekarte mit Schwerpunkt Fisch und Meeresfrüchte – der Wirt gilt als Fischkönig Venedigs – stehen zum Beispiel *granseola*, Seespinne, eine venezianische Delikatesse und entsprechend teuer, Jakobsmuscheln oder Edelfische.

Unser Kellner gab uns einen anderen Rat: Unbedingt müssten wir die *sarde in saor* probieren, das sei das Beste. Das uralte Seemannsgericht besteht aus billigen heimischen Sardinen, die mit Zwiebeln und Essig haltbar gemacht und mit Rosinen und Pinienkernen angereichert werden. Ursprünglich aus Persien stammend, gelangte es über Konstantinopel nach Venedig und gilt heute als venezianische Spezialität par excellence – wenn es gut gemacht ist, denn oft stören Gräten oder das Ganze ist zu sauer geraten. Hier aber sind die marinierten Sardinen ein kulinarisches Kunstwerk: Die Zwiebeln wurden so lange geschmort, dass sie fast süß schmecken, die kleinen Fische zergehen ohne störende Gräten auf der Zunge, und alles ist perfekt abgeschmeckt. Allein dafür lohnt ein Besuch hier. Da die dreigängige Menüfolge gern gesehen wird, empfehlen sich danach ein Klassiker wie *spaghettini alle vongole*, dünne Spaghetti mit Venusmuscheln, und zum Abschluss ein ausgezeichnetes frisches *tiramisu* (eine Portion reicht für zwei). Gute Küche hängt nicht von Luxusprodukten ab. Erst recht nicht von der romantischen Lage.

San Marco

VAPORETTO SAN MARCO

Piazza San Marco

PIAZZA SAN MARCO

HARRY'S BAR
CALLE VALLARESSO 1323
TEL. 041 528 5777
CIPRIANI.COM/IT/HARRY'S BAR
ANLEGER VALLARESSO

Wenn wieder mal Touristen über die hohen Preise der Cafés auf dem Markusplatz schimpfen, reagieren die Kellner ehrlich empört: »Dafür sitzen Sie doch auf dem schönsten Platz der Welt!« *La Piazza*, wie ihn die Venezianer nennen – alle anderen Plätze heißen *campo* – ist für viele *der* Platz schlechthin.
Genau das hatte Doge Sebastiano Ziani im Sinn, als er 1172 gleich nach seiner Wahl diesen repräsentativen Platz im Zentrum bauen ließ, mit dem sich alle Bewohner identifizieren können sollten. Er überzeugte die Nonnen von *San Zaccaria*, ihren Gemüsegarten der Stadt zu stiften, dann mussten ein Hafenbecken und eine Werft weichen.

Zuletzt kaufte der Doge fehlende Grundstücke selbst auf und schenkte sie der Stadt. Das so entstandene Areal vor der alten Markuskirche wurde begradigt und – damals ungewöhnlich – ganz gepflastert. Die beeindruckende Wirkung des 175 Meter langen und bis zu 82 Meter breiten trapezförmigen Platzes hält bis heute, über 800 Jahre später, an.

Vorbild waren die antiken Foren. Allerdings fehlt hier auf dem Markusplatz die Rednertribüne, auf der im alten Rom die Politiker vor wichtigen Entscheidungen das Volk überzeugen mussten. In Venedig wurde Politik seit jeher von wenigen reichen Adelsfamilien hinter verschlossenen Türen gemacht. Das Volk war nur als Zuschauer gefragt: Auf dem Markusplatz fanden die großen Haupt- und Staatsaktionen sowie religiöse Prozessionen statt. Nur während des Karnevals gehörte der Platz ganz dem Volk.

Zur Wirkung der *Piazza* trägt vor allem die einheitliche Bebauung bei: Die dreistöckigen Arkadenbauten rundherum scheinen wie aus einem Guss. Schon unter Ziani wurden die *Procuratie Vecchie* an der Nordseite begonnen, Sitz der Prokuratoren, Venedigs mächtigster Beamter, ohne die kein Doge Politik machen konnte. Zunächst nur Vermögensverwalter, übernahmen sie im Laufe der Zeit immer mehr Aufgaben und wurden die eigentlichen Herrscher der Stadt. Als sie mehr Platz brauchten, wurden ab 1582 gegenüber die *Procuratie Nuove* errichtet. Viele bedeutende Baumeister haben an den beiden Prokuratien mitgearbeitet – vom Renaissancearchitekten Jacopo Sansovino (von dem auch Münze und *Biblioteca Marciana* stammen) bis zu Baldassare Longhena, dem Venedig die schönsten Barockkuppeln verdankt.

Doch keiner drückte den Bauten die eigene Handschrift auf, alle hielten sich an die original-einheitliche Gestaltung. Sogar Napoleon ließ für seine Residenz zwar die Kirche *San Geminiano* gegenüber der Markusbasilika abreißen, die *Ala Napoleonica* aber wurde ganz im venezianischen Stil erbaut. Ironischerweise erhielt der Platz erst durch diesen Neubau die geschlossene Gestalt einer fürstlichen Hofanlage, die in ihrer strengen Geometrie die Ordnung des Staates verkörpert. Noch heute wahren die Venezianer die ästhetische Ordnung des Platzes: In allen Cafés sind die gleichen Stühle in je eigener Farbe ordentlich aufgereiht.

Tagsüber allerdings verliert die *Piazza* unter dem Ansturm der Touristen ihre strenge Eigenart. Doch am späten Abend, kurz bevor die Cafés schließen, wenn nur noch kleine Grüppchen zusammenstehen, die Kellner aufräumen und die letzten Orchesterklänge verwehen, besitzt der Platz eine ganz eigene, heitermelancholische Atmosphäre.

Danach lohnt ein Abstecher in *Harry's Bar* um die Ecke, eine weitere venezianische Institution. Der hier erfundene *Bellini* (Prosecco mit weißem Pfirsich-Mus) schmeckt köstlicher als anderswo. Man lasse sich aber vom gemütlichen, an eine Schiffskajüte erinnernden Ambiente nicht täuschen. Der exorbitante Preis bringt einen zurück auf den Boden der Tatsachen: Aber hey, wir sind in Venedig!

VAPORETTO SAN MARCO

Basilica San Marco

Eine Fata Morgana wie aus Tausendundeiner Nacht, ein orientalischer Sehnsuchtsort mitten in Europa: Die Markusbasilika ist die ungewöhnlichste Kirche Europas. Mit ihren eleganten Kuppeln und dem schimmernden Golddekor ähnelt sie mehr der Hagia Sophia als den romanischen und gotischen Gotteshäusern, die zur selben Zeit in anderen europäischen Städten entstanden. Die Venezianer begnügten sich nicht damit, das vermeintliche Paradies im Osten aufzusuchen und dort ihr Glück und ihren Reichtum zu machen, sondern bauten sich – nach östlichem Vorbild – gleich selbst das Paradies in ihre Stadt.

Dabei übernahmen sie viele by-

BASILICA SAN MARCO
SAN MARCO 1
WWW.BASILICASANMARCO.IT

zantinische Stilelemente, vor allem die orientalische Vorliebe für Gold. Von außen funkelt die Fassade vor allem im Abendlicht in schimmernden Goldtönen, wird aber noch übertroffen vom Inneren, wo auf 4000 Quadratmetern zahllose winzige Steinchen zur größten zusammenhängenden Mosaikfläche der Welt aneinandergefügt sind. Die Teilchen dieses im 11. Jahrhundert begonnenen und bis ins 18. Jahrhundert ergänzten Goldteppichs sind so geschickt in unterschiedlichen Winkeln zur Mauer angebracht, dass sie das Licht auf je verschiedene Weise einfangen und bei jeder Beleuchtung funkeln.

Gold war in der Ostkirche das Symbol des Göttlichen schlechthin. Von diesem Symbol machten die Venezianer überschwänglich Gebrauch, versahen es aber mit einer zusätzlichen Konnotation: Das Gold repräsentiert hier auch Venedigs Reichtum und politischen Aufstieg, die erst durch Importe aus dem Orient möglich wurden. Ein entscheidender Schritt auf dem Weg zu Ruhm und Reichtum war die Eroberung Konstantinopels im Jahr 1204. Da hatten die Venezianer kurzerhand einen Kreuzzug zum Angriff auf das alte Ostrom genutzt und die Stadt geplündert. Wichtigstes Zeichen dieses Sieges war die Quadriga, ein Pferdegespann, das nun öffentlichkeitswirksam über dem Hauptportal der Kirche präsentiert wurde. Überhaupt diente die Fassade vor allem der Ausstellung von Raubkunst. Seefahrer und Kaufleute waren angehalten, ihre Beutestücke – Säulen, Kapitelle, Reliefs und edle Materialien – hier abzuliefern.

Von einem Raub handelt auch die Vorgeschichte des Kirchenbaus, eine Legende, die in vielen Variationen auf den Mosaiken der Kirche erzählt wird. Denn zu seinem Hauptheiligen Markus bzw. dessen Überresten kam Venedig erst durch den »vielleicht berühmteste(n) und folgenreichste(n) Reliquienraub« des Mittelalters, so der Historiker Arne

Karsten. Ein großer Heiliger war damals unentbehrlich für die Legitimation des Herrschaftsanspruchs eines Staates. Dazu brauchte es Reliquien, sichtbare Zeichen des Heiligen. Venedigs alter Schirmherr, der wenig bekannte heilige Theodorus, taugte dafür nicht. Besser war ein Hauptheiliger wie der Evangelist Marcus. Doch dessen Reste lagen in Alexandrien im muslimischen Herrschaftsbereich. Da hatten zwei venezianische Kaufleute, die dort Geschäfte tätigten, eine Idee: Sie stahlen die Überreste und packten sie in eine Kiste, obenauf Schweinefleisch und Schinken. Als Zöllner den Behälter öffneten, riefen sie voller Abscheu »Kanir, Kanir, Schweinefleisch« und ließen die Kiste passieren. So gelangten die kostbaren Reliquien nach Venedig. Ihren alten Stadtheiligen Theodorus entsorgten die Venezianer übrigens ohne Sentimentalität, bis sie ihn im 12. Jahrhundert wieder zu Ehren kommen ließen: Seine Skulptur schmückt eine der beiden Säulen auf der *Piazzetta*, an denen die Verbrecher gehängt wurden.

15

VAPORETTO SAN MARCO ODER SAN ZACCARIA

Palazzo Ducale – der Dogenpalast

PALAZZO DUCALE
SAN MARCO 1
WWW.PALAZZODUCALE.VISITMUVE.IT

TIPP

MUSEUMSPASS FÜR DEN DOGENPALAST UND ALLE STÄDTISCHEN MUSEEN
MUVE.VIVATICKET.IT
DORT AUCH INFOS FÜR ANDERE KOMBI-TICKETS

Wie ein fein gewebter Teppich mit Spitzenrand und Spitzenintarsien leuchtet die Fassade des Dogenpalastes, der förmlich über dem Wasser zu schweben scheint. Dieser luftige Bau verkündet selbstbewusst das politische Programm der Serenissima: Wir sind unangreifbar, uns schützen die Wasser der Lagune, die *muri salati*. Wo andere wehrhaft-dicke Mauern bauen müssen, leisten wir uns einen Regierungspalast von filigraner Schönheit, der das Beste aus Orient und Okzident harmonisch verbindet. Und wie die offenen Säulengänge im Erdgeschoss zeigen, ist dieser Palast überdies frei zugänglich für jedermann – eine Freiheit, die sich die Repu-

blik Venedig von Anfang an auf ihre Fahnen geschrieben hatte.

Dass hier immer auch knallharte Politik betrieben wurde, sieht man der zarten Fassade nicht an. Doch ihre Form erzählt, wer die eigentliche Macht besaß. Offiziell haben zwischen 802 und 1797 insgesamt 120 Dogen an diesem Ort regiert. Der Originalbau steht zwar nicht mehr, sein heutiges Aussehen entstand zwischen 1340 und 1600. Aber bei allen baulichen Veränderungen fällt auf, dass an der Hauptfassade kein einziges Porträt eines Dogen zu sehen ist. Das hat Gründe: Zwar hatten die Venezianer an ihrer Spitze einen auf Lebenszeit gewählten Dogen, aber der war nie Alleinherrscher, sondern eher eine Art Staatspräsident. Das Sagen hatte vor allem der Große Rat, der den Dogen wählte und Gesetze verabschiedete. Ihm gehörten alle Patrizier der Familien an, die 1297 für adlig befunden worden waren. Bürgerliche und Frauen hatten keinen Zutritt. Jahrhundertelang herrschte so eine kleine Schicht von Patriziern, kaum mehr als 4 % der Bevölkerung. Die eigentliche Regierungsarbeit fand in unzähligen Gremien statt, deren Mitglieder jeweils nur für kurze Zeit gewählt waren. Damit keine Familie und erst recht kein Einzelner die Macht an sich reißen konnte, gab es diese Ämterrotation. Im Laufe der Jahrhunderte entstand so ein komplizierter anonymer Staatsapparat, der die Stadt regierte. Architektonisch verkörpert dieses Regierungsprinzip die Fassade des Dogenpalasts als »Maske des Staates«, wie Rilke einmal treffend formulierte.

Was man vom Dogen erwartete, ist an der Westfassade zu sehen. Auf dem Relief der *Porta di Carta*, dem Haupteingang vom Markusplatz, kniet ein Doge demütig vor dem Markuslöwen, dem Symbol der Republik. Schon bei seiner Krönung musste er sich verpflichten, alle Befehle des großen Rates und anderer Gremien auszuführen. Im Laufe der

Zeit wurden seine Rechte immer weiter eingeschränkt, später musste er jeden Brief abzeichnen lassen. Nach außen repräsentierte der Doge zwar die Republik als Staatsoberhaupt in prächtigen Gewändern, eigentlich aber war er – wie das Relief zeigt – Diener des Staates.

Der Doge, der sich hier verewigt hat, war Francesco Foscarini, der das Amt von 1423 bis 1457 ausübte, aber selbst nicht das beste Beispiel der gerühmten Demut bot. Gegen Widerstand im Großen Rat verfolgte er eigenmächtig eine aggressive Expansionspolitik, wurde schließlich abgesetzt und starb wenige Tage nach seinem Sturz. Dennoch wurde sein Porträt an dieser zentralen Stelle des Dogenpalastes nicht entfernt. Anders erging es einem seiner Vorgänger, Marino Falier, der aus dem Amt eine Erbmonarchie machen wollte und 1355 wegen Verschwörung hingerichtet wurde. Sein Porträt entfernte man aus der Reihe der Dogenporträts im Großen Saal und ersetzte es durch ein schwarzes Banner mit dem Satz: »Hier ist der Platz des wegen Verbrechen enthaupteten Marino Falier«. Autokraten bot der Dogenpalast keine Heimstatt.

VAPORETTO SAN MARCO

Campanile

Zwei Tage nach seiner Ankunft Ende September 1786 besorgte sich Goethe einen Stadtplan und stieg auf den Markusturm: »Heute habe ich abermals meinen Begriff von Venedig sachte erweitert«, schrieb er in sein Tagebuch. Es lohnt sich durchaus, es Goethe nachzutun, denn der Ausblick zeigt, wie klug alles komponiert ist und wie sich eigentlich disparate Bauwerke harmonisch zusammenfügen.

Schon der Turm selbst ist sehenswert. Fast hundert Meter hoch, gehört er zu den ältesten Bauwerken der Stadt – eigentlich. Im 10. Jahrhundert wurde der Bau begonnen, im 12. Jahrhundert erhöht. Die Pyramidenspitze kam im 15. Jahrhundert dazu.

CAMPANILE
SAN MARCO 1
WWW.BASILICASANMARCO.IT

Im 16. Jahrhundert riss Architekt Sansovino mehrere Gebäude ab, damit der Turm gut sichtbar am Schnittpunkt von *Piazza* und *Piazzetta* stand. Dadurch wurde er zum Dreh- und Angelpunkt der gesamten Anlage der Piazza San Marco.

1902 stürzte der Turm nach Schäden durch Blitzschlag und Erdbeben zusammen. Alle Zeitungen Europas berichteten davon. Noch am Abend des Einsturzes beschloss man einstimmig einen Wiederaufbau. *Com' era e dov' era* – wie er war und wo er war, wurde er 1912, also rund 1000 Jahre nach seiner Grundsteinlegung, originalgetreu wieder aufgebaut. Denn für die Venezianer war der Campanile mehr als ein einfaches Bauwerk, sie hingen an ihrem Leucht-, Wach- und Glockenturm.

Fünf Glocken erklangen hier, die *Nona* läutete mittags, die *Mezza Terza* rief die Senatoren in den Dogenpalast, die *Trottiera* meldete den Beginn einer Sitzung des Großen Rates an. Und die *Maleficio*, die kleinste der fünf Glocken, kündigte eine Hinrichtung an. Keine hat den Einsturz des Turms überlebt. Als einzige erhalten blieb nach dem Einsturz die *Marangona*, die morgens zur Arbeit rief und abends den Feierabend einläutete.

Der Turm diente nicht nur als Orientierung für die heimkehrenden Seefahrer und Ausguck für die Daheimgebliebenen, sondern war auch schon früh ein beliebter Aussichtspunkt für die Touristen. Denn von hier aus überblickt man die gesamte Anlage des historischen Zentrums. Gen Westen erstreckt sich der strenge Markusplatz, dessen serielle Ordnung in graugetöntem Stein mit dem labyrinthisch-rötlichen Durcheinander der Häuser kontrastiert – auf der gegenüberliegenden Seite dann wieder ein ganz anderes Bild mit der glänzenden orientalischen Kuppellandschaft der Markusbasilika und den hellen Fassaden des Dogenpalasts. Gen Norden sieht man, wie dicht bebaut alles ist, auf wie engem Raum so viele Gebäude stehen können. Gen Süden schließlich fällt der Blick auf die *Piazzetta* mit den beiden Säulen, durch die kein Venezianer hindurchgeht, weil das angeblich Unglück bringt. Hier wurden die zum Tode Verurteilten hingerichtet und an den Säulen aufgehängt.

Dahinter jedoch öffnet sich der Blick ins Weite, man sieht das Wasser der Lagune mit Inseln wie San Giorgio Maggiore oder dem Lido – und ahnt dahinter noch etwas anderes. Der Binnenlandbewohner Goethe hat hier erstmals in seinem Leben das Meer erblickt: »Es war um Mittag und heller Sonnenschein, daß ich ohne Perspektiv Nähen und Fernen genau erkennen konnte. Die Flut bedeckte die Lagunen, und als ich den Blick nach dem sogenannten Lido wandte (...), sah ich zum ersten Mal das Meer.«

VAPORETTO SAN MARCO

Caffè Florian

CAFFÈ FLORIAN
SAN MARCO 57
TEL. 041 520 56 41
WWW.CAFFEFLORIAN.COM

Es war kein guter Zeitpunkt, als Signor Francesconi am 29.12. 1720 seine *bottega* am Markusplatz eröffnete und sie *Zum siegreichen Venedig* nannte. Denn die Lagunenstadt befand sich ökonomisch und politisch im Niedergang: Der letzte Türkenkrieg und fast aller Besitz auf dem Festland waren verloren, viele Adlige verarmt. Wirtschaft und Kaffeehäuser boomten anderswo. In London, Europas damaliger Handelsmetropole, gab es bereits 3000 Cafés, geschäftige Treffpunkte für Kaufleute. Doch Francesconi setzte bei der Eröffnung des ersten Cafés in Italien mehr auf Genuss und Geselligkeit. Anders als in London, wo es nur den wachmachenden Kaf-

FLORIAN
TEA-ROOM

fee gab, schenkte er zu kleinen Speisen auch Wein und Prosecco aus. Bald waren seine beiden einfachen Stuben rappelvoll, die Herren Amtsträger trafen sich hier auf einen *caffè*, aber auch Philosophen, Aristokraten und Künstler kamen. Und die schönen Frauen, denn anders als in London hatten sie hier kein Lokalverbot.

Mit dem *Caffè Florian*, wie es bald nach dem Vornamen seines Besitzers hieß, begann eine neue Ära der Piazza San Marco. Sie wurde zum Salon der Stadt. 1759 gab es rund um den Markusplatz bereits 30 Cafés, 1775 wurde gegenüber das *Quadri* eröffnet. Bald gehörten Kaffeehäuser zu den großen Attraktionen für Venedigreisende: Hier traf man Menschen aller Länder und die interessantesten Venezianer. Die Liste berühmter Gäste des *Florian* reicht von Rousseau und Casanova über Lord Byron, Schopenhauer und Balzac bis Proust, Hofmannsthal, Rilke und Thomas Mann.

Als die Stadt 1815 von Napoleon an die Habsburger verscherbelt wurde, biederten sich viele den neuen Herrschern an. Das *Quadri* änderte seinen Namen, präsentierte eine deutsche Speisekarte und wurde fortan gern von österreichischen Offizieren besucht. Die Patrioten rümpften die Nase und grübelten im Hinterzimmer des *Florian* darüber, wie man die ungeliebten Besatzer loswerden könne. Als es 1848 zu Protesten gegen die Fremdherrschaft kam, wurde das Café für kurze Zeit sogar zum Zentrum der Revolution. Nach seiner gewaltsamen Befreiung aus dem österreichischen Gefängnis marschierte Daniele Manin schnurstracks zum *Florian*, stieg auf einen Tisch, proklamierte die »Freie Republik San Marco«, und als österreichische Soldaten in die Menge auf dem Markusplatz schossen, wurden die Verletzten im *Florian* versorgt. Doch der Aufstand scheiterte – 1849 kapitulierten die Venezianer und lebten bis 1854 unter hartem Kriegsrecht.

Es war also riskant, als die neuen Besitzer das *Florian* aufwändig restaurieren ließen. Am 24.7. 1858 wurde es wiedereröffnet mit Räumen im persischen, griechischen, chinesischen und orientalischen Stil und Sälen mit allegorischen Darstellungen der Jahreszeiten sowie Porträts von Goldoni, Marco Polo und Tizian. Doch die Venezianer kamen nicht nur wegen der schönen Räume, sie hatten das Café so in ihr Herz geschlossen, dass die zweite Jahrhunderthälfte zur goldenen Zeit des *Florian* wurde. Heute gehört es dem Modeimperium Fendi und hat seine besten Zeiten hinter sich. Doch überzeugte Venezianer kommen noch immer hierher, und sei es nur auf einen *caffè* an der Bar. Auch das Konkurrenzunternehmen *Quadri* hat überlebt, sogar mit Sterneküche im ersten Stock. An kälteren Tagen ist zu empfehlen, die frisch restaurierten Innenräume des *Florian* aus dem 19. Jahrhundert zu bewundern. Schön sind auch die Bänke unter den Arkaden. Hörenswert natürlich das Orchester, für das man einen hohen Aufschlag zahlt, das aber immerhin nicht mehr wie im 19. Jahrhundert Militärmusik spielt.

VAPORETTO SAN MARCO

Museo Correr

MUSEO CIVICO CORRER
SAN MARCO 52
TEL. 041 240 52 11
WWW.CORRER.VISITMUVE.IT

Im ersten *Sissi*-Film 1955 mit Romy Schneider gibt es eine herzzerreißende Szene, als die junge Mutter nach langer Trennung ihre Tochter auf dem Markusplatz in die Arme schließt und damit die Venezianer für sich gewinnt, die laut »viva la mama« rufen. In Wirklichkeit hat sich die Geschichte freilich anders abgespielt. Als die echte Königin Elisabeth in der Zeit zwischen 1854 und 1862 bei mehreren Besuchen insgesamt mehr als acht Monate in Venedig weilte, war ihr Aufenthalt Teil einer großangelegten PR-Strategie der Österreicher, die seit 1815 die Herrschaft innehatten. Die junge, schöne und sympathische Kaiserin sollte die Herzen der

Venezianer gewinnen. Die Kaiserin selbst war froh, dem strengen Hofzeremoniell Wiens und ihrer Schwiegermutter zu entkommen. Brav absolvierte sie ihre offiziellen Besuchsprogramme. Ansonsten aber genoss sie das Leben in der Serenissima wie eine Touristin – eine sehr privilegierte allerdings mit eigenem Bootsanleger und einer extra für sie eingerichteten Zimmerflucht im *Ala Napoleonica* (heute *Museo Correr*). Doch die reale Sissi vermochte die feindseligen Venezianer nicht zu überzeugen. Der Adel boykottierte ihre offiziellen Empfänge, die Oper blieb leer, wenn sie kam. Die wahren Patrioten mieden während ihrer Aufenthalte sogar den Markusplatz.

Sobald die Österreicher vertrieben waren, kümmerte man sich nicht mehr um deren ehemalige Prunkzimmer, schließlich wurden sie sogar als Büros genutzt. Erst eine französische Stiftung ließ die Zimmer seit 2009 mit viel Geld renovieren. Seit kurzem kann man die *stanze di Sissi*, Sissis Räume, in alter Pracht besichtigen und darüber staunen, was für ein Aufwand für diese wenigen Monate getrieben worden war: Extrafresken und Seidentapeten in edlen Farben, mit österreichischen Wappen und überall Mustern von Maiglöckchen, Sissis Lieblingsblumen. Dazu natürlich ein eigenes Boudoir, und für frisches Wasser aus Schönbrunn wurde extra eine neue Wasserleitung angelegt.

Wer sich mehr für venezianische Pracht interessiert, kann im *Museo Correr*, dem Stadtmuseum, Dogenporträts, Amtstrachten und kostbare Kopfbedeckungen der Dogen anschauen. Liebhabern der Geschichte und Darstellung venezianischer Frauen sei das berühmte Carpaccio-Bild von 1495 *Zwei venezianische Damen* (die man früher für Kurtisanen hielt) ans Herz gelegt (2. Stock, Saal 38). Außerdem kann man entdecken, dass es in Venedig nicht nur eine Kurtisanen- und Adelstradition gab. Das beweist eine Heldin aus dem 18. Jahrhundert, deren Porträt im Raum 47 hängt: Maria Boscolo, die im Männersport Rudern schon als junges Mädchen erstaunliche Erfolge erzielte. Sie errang sogar mehrere Siege. Zuletzt nahm sie 1784 teil. Für lange Zeit war dies das letzte Mal, dass eine Frau für die Regatten zugelassen war. Erst die Österreicher erlaubten Frauen wieder die Teilnahme an Ruderwettbewerben.

19

VAPORETTO SAN MARCO

Olivetti-Showroom

»Das Einzige, was mich interessiert, ist die Zukunft,« behauptete der Unternehmer Adriano Olivetti und wählte als Ausstellungsraum für seine damals hochmodernen Schreibmaschinen ausgerechnet ein historisches Gebäude Venedigs: die *Procuratie Vecchie* an der Piazza San Marco 101. Eine gute Lage, gewiss, residierten hier doch in den 1950er Jahren lauter Luxusläden für Juwelen, Uhren, kostbare Stoffe, Mode und Muranoglas. Doch der Laden, den er ausgesucht hatte, ein ehemaliges Souvenirgeschäft an der Ecke, war ein düsterer Schlauch mit ungünstigen Proportionen, einer Trennmauer und zwei Treppen, zu niedrig und zu schmal, dafür 21 Meter tief.

OLIVETTI-SHOWROOM
PIAZZA SAN MARCO 101
TEL. 041 52283 87
WWW.NEGOZIOLIVETTI.IT

Keine leichte Aufgabe also für den unbekannten venezianischen Architekten Carlo Scarpa, der 1956 überraschend den internationalen Architekturpreis der Stiftung Olivetti gewonnen hatte. Doch Scarpa ließ sich nicht einschüchtern, auch nicht von der Patina der alten Büroräume der Beamtenschaft der Serenissima. Als Erstes wurden die kleinen Fenster durch bodentiefe Schaufenster ersetzt, Trennmauer und Treppen ganz abgerissen. Dann begann der Architekt, den leeren Raum wieder neu aufzubauen – ganz modern, aber in der Bautradition Venedigs.

Im Eingang platzierte er die Skulptur *Nudo al Sole* (»Nackt in der Sonne«) seines Zeitgenossen Alberto Viani: eine abstrakte goldglänzende Bronzeskulptur auf einem schwarzen Marmorbecken, über das Wasser fließt. Goldbronze, Wasser und Marmor – klassische Elemente venezianischer Baukunst, deren Zusammenspiel den Reiz der Stadt ausmacht. Ein Zitat vielleicht auch mit spielerisch-ironischem Akzent: In ihrer goldenen Gestalt grüßt *Nudo al Sole* auch die goldenen Kuppeln der Markusbasilika gegenüber.

Bei der Wahl seiner Baumaterialien orientierte sich Scarpa ebenfalls an venezianischen Traditionen, auch wiederum modern interpretiert. Er arbeitete mit Holz, die Wände sind aus venezianischem Stuck, Marmor aus Triest schmückt die Pilaster, alles in klaren, modernen, gradlinigen Formen. Das Fußbodenmosaik aus Glassteinen, in allen Wasserfarben der Lagune schimmernd, erinnert an die Terrazzoböden der venezianischen Paläste. Inspiriert hätten ihn aber auch – so Scarpa – die Bilder von Paul Klee. Mitten in den Raum baute er eine elegante Treppe, deren versetzte Stufen zu schweben scheinen. Dadurch wird die Treppe, auch sie ein wichtiges Element venezianischer Architektur, selbst zum Ereignis. Und durch die großen Fenster wirkt alles ganz licht und leicht. Damit überzeugte Scarpa selbst die strengen und skeptischen Baubeauftragten der Stadt: Wenn alte Gebäude restauriert werden mussten, beauftragte man fortan ihn. Scarpa wurde mit diesem Meisterstück zum bekanntesten modernen Architekten Venedigs. Überall in der Stadt stößt man auf seine Werke, sei es in der *Collezione Cini*, für die er eine gewagt geschwungene Hintertreppe erfand, oder im Zen-Garten der *Biblioteca Querini-Stampalia*.

Auch Auftraggeber Olivetti war zufrieden: Bis heute gilt der Showroom als Visitenkarte des Unternehmens. Nirgendwo sind die berühmten Schreibmaschinen wie die *Lettera 22*, die »elegantesten Produkte des Maschinenzeitalters«, wie der *Spiegel* sie einmal nannte, schöner in Szene gesetzt als hier: Technische Kunstwerke aus dem letzten Jahrhundert, die uns heute fast so alt erscheinen wie venezianische Paläste.

20

VAPORETTO SAN MARCO VALLARESSO

Teatro La Fenice

TEATRO LA FENICE
SAN MARCO 1965
CAMPO SAN FANTIN
WWW.TEATROLAFENICE.IT (PROGRAMM, TICKETS SOWIE INFOS ZU FÜHRUNGEN)

In Paris erstürmte 1789 das Volk die Bastille, in Venedig plante man zur selben Zeit eine neue Oper, »die höchsten akustischen und visuellen Ansprüchen genügt«. Staatsangelegenheiten interessierten kaum jemanden mehr in der Stadt, aus der Weltpolitik hatte sich die Serenissima längst verabschiedet. Lieber besuchte man Oper und Theater, in keiner anderen Metropole gab es damals so viel Auswahl wie in Venedigs sieben Musiktheatern.
1637 war in Venedig mit *San Cassiano* das erste öffentliche Opernhaus der Welt eröffnet worden. Bald folgten weitere. Finanziert wurden die Opernhäuser von den großen Patrizierfamilien, den Tron, Vendramin

oder Grimani (die zeitweilig sogar drei Opernhäuser besaßen). Das Besondere der venezianischen Oper aber war, dass dort nicht nur der Adel zugelassen war. Für einen kleinen Obolus hatte das Volk ebenfalls Zutritt. So wurde die Oper zu einem gesamtvenezianischen Ereignis, Anziehungspunkt von Anfang an auch für die Reisenden, in deren Besuchsprogramm Opernabende einen festen Bestandteil bildeten. Denn hier traten nicht nur die besten Sänger und Sängerinnen auf, sondern war auch die neueste Musik zu hören, z. B. von Kirchenmusikern wie Monteverdi oder Vivaldi, die sich mit Opern etwas dazuverdienten.

1792 wurde das *Fenice* nach nur zwei Jahren Bauzeit fertig. Ein Prachtbau für achthundert Zuschauer. Doch dann besetzte Napoleon 1797 die Stadt, 1815 übernahmen die Österreicher. Unter der ungeliebten Fremdherrschaft war den Venezianern nicht mehr nach Feiern zumute. Alle anderen sieben Opernhäuser mussten schließen – nur das *Fenice* überlebte und genoss im 19. Jahrhundert seine große Blütezeit. Rossini, Bellini und Donizetti schufen eigens Werke für das Haus, eine besondere Verbindung aber entstand zu Giuseppe Verdi, weil er und seine Musik zum Symbol des Risorgimento wurden. Als seine Oper *Nabucco* 1842 hier aufgeführt wurde, waren die Venezianer begeistert, und der Ge-

fangenenchor daraus wurde zur heimlichen Nationalhymne der unterdrückten Italiener. Viele Jahre arbeitete Verdi in der Stadt, fünf seiner Opern wurden für das *Fenice* komponiert und hier uraufgeführt wie etwa der gefeierte *Rigoletto*. Eine Oper allerdings fiel zuerst durch: *La Traviata* 1853. Fehlte der politische Bezug oder waren die Sänger nicht gut genug? Erst nachdem Verdi noch einmal an den Melodien gefeilt hatte, wurde eine neue Aufführung 1854 zum großen Erfolg.
Heute blickt das *Fenice* auf eine eindrucksvolle Tradition zurück. Auch im 20. Jahrhundert fanden hier maßgebliche Aufführungen mit Werken von Strawinsky, Prokofjew, Gershwin und Britten statt. Maria Callas sang hier, und auch Pina Bausch war da. Wie der sagenhafte Vogel Phönix, dem die Oper ihren Namen verdankt, ist das *Fenice* von Beginn an immer wieder aus der Asche auferstanden. 1792 war die Oper so genannt worden, weil an dieser Stelle 20 Jahre zuvor ein Opernhaus abgebrannt war. Noch mehrfach bedrohten Feuer die Existenz des Hauses, zuletzt 1996, als Handwerker einen Brand verursachten und das Theater bis auf die Grundmauern niederbrannte. Immer wieder baute man es neu auf, immer wieder glanzvoller. Seit 2003 wiedereröffnet, ist das *Fenice* heute das einzige Opernhaus, das noch Venedigs große Operntradition verkörpert. Eintrittskarten sind freilich teuer. Doch statt eines Opernabends kann man das Haus auch im Rahmen einer Führung besichtigen.

21

VAPORETTO SANT'ANGELO, SAN SAMUELE

Palazzo Fortuny

Auf ungewöhnliche Weise begab sich der spanische Maler Mariano Fortuny auf die Suche nach der verlorenen Zeit: Er revolutionierte die Mode. Mit modernsten Techniken stellte er fabrikmäßig altvenezianische Stoffe her und schuf daraus Kleider, nach denen die Mode-Avantgardistinnen des frühen 20. Jahrhunderts verrückt waren: Eleonora Duse, Sarah Bernhardt, Gloria Vanderbilt und Peggy Guggenheim – sie alle trugen Fortuny. Mutig und schön musste man sein, denn während Damen sich noch in Korsetts zwängten, schmiegten sich die hauchfeinen Seidenplissees – ein Kleid wog nur 150 Gramm – eng an den Körper an und zeigten alles. Schwitzen durfte man da-

PALAZZO FORTUNY
SAN MARCO 3958
CAMPO S. BENETO
TEL. 041 5200 995
WWW.FORTUNY.VISITMUVE.IT

rin nicht und setzen konnte man sich auch nicht. Aber es sah hinreißend aus.

Fortuny war ein Multitalent: Vom Vater hatte er die Begabung als Maler, von der Mutter das Faible für alte Stoffe. Dazu großes Selbstbewusstsein, Interesse für neueste technische Entwicklungen sowie Experimentierlust und Geschäftssinn. 1899 kaufte er den düsteren *Palazzo Pesaro*, warf die Mieter hinaus und machte aus dem alten Gebäude eine moderne Fabrik inklusive Forschungslabor, mit Mal- und Fotoatelier, Färberei, Stoffdruckerei und Schneiderei. Er erfand alles Mögliche von elektrischen Dimmern über Fotopapier und Bootsschrauben bis zu Stoffdruckmaschinen. Zwischen 1901 und 1933 meldete er 22 Patente an.

Den größten kommerziellen Erfolg hatte er mit der fabrikmäßigen Herstellung von Stoffen, für die das alte Venedig berühmt war: Samt, Seide, Satin und Brokat. Mit Malerblick schuf er die berühmten Fortuny-Farben: Veilchenblau wie von Tiepolo, Tintorettogrün und Tizianrot. Färbemittel bezog er aus aller Welt – Pigmente aus Brasilien, Indigoblau aus Indien, Gelb aus dem Stroh der Bretagne, Rot aus mexikanischen Purpurschnecken, Silber und Gold fixierte er mit faulen Eiern aus China.

Doch die entscheidende Erfindung kam von seiner Ehefrau Henriette: Sie erfand eine Technik, mit der zarte Stoffe in feinste Falten gelegt werden konnten. Daraus entstanden jene hauchdünnen Kleider, mit denen Mode-Avantgardistinnen ihre Zeitgenossen schockierten und verzückten. Leider wurde ausgerechnet diese Technik nicht patentiert: Henriette nahm ihre Falttechnik mit ins Grab, und trotz vieler Versuche gelang es nicht, sie zu kopieren. Deshalb fertigt eine Fabrik auf der *Giudecca* keine Kleiderstoffe mehr, sondern nur noch Dekostoffe nach Originalvorlagen Fortunys. Für die Originalkleider bezahlen Sammler viel Geld. Uns bleibt nur Marcel Prousts *À la recherche du temps perdu*: Inspiriert von der eleganten Herzogin Guermantes, die Fortuny-Kreationen trägt, kauft der Erzähler auch für seine Geliebte Albertine solche Kleider: »Das Kleid von Fortuny, das Albertine an diesem Abend angelegt hatte, kam mir wie ein lockender Schatten jenes unsichtbaren Venedig vor. Es war von morgenländischen Ornamenten überzogen wie Venedig, wie die Säulen mit den orientalischen Vögeln, die hier unzählige Male auf dem schillernden Gewebe von tiefem Blau wiederkehrten, das unter meinem vorwärtstastenden Blick sich in schmiegsames Gold verwandelte durch eine ähnliche Metamorphose, wie sie vor der vorwärtsgleitenden Gondel flammendes Metall aus der Azurtönung des Canal Grande macht.«

Für Proust beschwören Fortunys Roben die glanzvolle Vergangenheit Venedigs und seiner großen Maler. Aber auch die Vergänglichkeit der Mode. Beides kann man sehen, wenn man den Palast besucht, in dem der Künstler bis zu seinem Tod 1949 lebte und der heute Museum ist.

Cannaregio

VAPORETTO RIALTO

Corti del Milion

OSTERIA IL MILION
SAN GIOVANNI DI CHRISOSTOMO 5841
TEL. 041 52 29 302
WWW.ILMILION.COM

TIPP

IM »MILION« UNBEDINGT *SCROPPINO* PROBIEREN, EINE VENEZIANISCHE DESSERT-DIGESTIV-SPEZIALITÄT AUS ZITRONENEIS, WODKA UND PROSECCO

Als Lügner und Aufschneider beschimpften seine Landsleute ihn, als er im Jahr 1295 mit Vater und Onkel in seiner Heimatstadt auftauchte und von den Schätzen sprach, die sie in China gesehen hatten. Denn schäbig sahen die Männer aus. Und dann sprach er noch nicht einmal venezianischen Dialekt. Das sollte Marco Polo sein, der vor 25 Jahren nach China aufgebrochen war? Man hatte ihre *fraterna*, die Reisegruppe aus Familienmitgliedern, längst für tot gehalten. Erst als die drei Männer ihre abgewetzten Tartarenkleider aufschlitzten und unzählige Smaragde, Rubine, Diamanten und Saphire herauspurzelten, glaubte man ihnen – so erzählt es jedenfalls die Legende.

Mit seinem Vermögen erstand Marco Polo hier in dieser Ecke nahe am Rialto zwei prächtige Häuser, in denen die ganze Verwandtschaft Unterschlupf fand. Immer wieder schwärmte er von seiner Reise in den Fernen Osten und von den Millionen, die man dort machen könnte. Den Spitznamen *il milion* hatten er und seine Familie schnell weg. Drei Töchter bekam er, lange hielt es ihn dennoch nicht in Venedig. Er heuerte als Galeerenkommandant auf einem Schiff im Krieg gegen Genua an und geriet in Gefangenschaft. Ein Glück für die Nachwelt. Denn hier diktierte er einem Mitgefangenen seinen berühmten Reisebericht.

1271 waren sie aufgebrochen, der Vater Juwelenhändler, Sohn Marco erst 17 Jahre alt. Ihre Reise hatte sie ins reichste Land der Welt, ins Reich des Mongolenherrschers Khubilai Khan, geführt. Dessen Großvater Dschingis Khan hatte das Weltreich begründet, das sich von den Steppen Russlands über Persien und Indien bis nach China erstreckte. Vier Jahre dauerte allein die Reise an den Mongolen-Hof. Dort machte sich Marco Polo bald unersetzlich. Der Herrscher schickte den jungen Italiener auf viele Missionen in seinem Riesenreich herum, um über die Zustände im Land zu berichten. Im Reisebericht schreibt Marco Polo von all den Wundern der Welt, die er dabei gesehen habe.

Vieles hielten schon die Zeitgenossen für unwahr, die Kinder sollen hinter ihm hergelaufen sein und gerufen haben »Meister Marco, erzähl uns noch eine Lüge«. Auch die Forschung zweifelte lange sogar, ob Marco Polo überhaupt in China gewesen sei. Inzwischen halten die meisten Historiker den Bericht im Kern für wahr. Auch daran, dass er tatsächlich hier in der *Corte Seconda del Milion* wohnte, gibt es Zweifel. Doch das »Haus Marco Polos«, zu dem man durch einen niedrigen Durchgang gelangt, gehört jedenfalls zu den ältesten erhaltenen Wohnhäusern aus dem beginnenden 14. Jahrhundert. In Erinnerung an Polos Spitznamen heißen die beiden engen Höfe seit langem *Corti del Milion*.

Unbestritten ist auch, dass das kleine Restaurant *Il Milion* hier mit dreihundert Jahren eines der ältesten in Venedig ist. Das Essen ist bezahlbar, es gibt frischen Fisch, gutes Dessert und eine Kellnerin mit Vorliebe für Geschichten, die zum Beispiel erklärt, warum der *prosciutto* nur mit einer alten Maschine so fein wie »Wölkchen« geschnitten werden könne.

Von einem allerdings schreibt Marco Polo nicht: von den Nudeln, die er angeblich nach Italien gebracht haben soll – der wichtigste Mythos des italienischen Essens. Aber eigentlich ist das auch egal, solange die Pasta so schmeckt wie im *Milion*.

23

VAPORETTO RIALTO, CA D'ORO

Santa Maria dei Miracoli

Welches Wunder das Marienbildnis vollbrachte, für das die Kirche *Santa Maria dei Miracoli* errichtet wurde, erzählen die Quellen nicht. Einem anderen Wunder aber verdankt sich diese Kirche in jedem Fall, denn wundersam erscheint, was Baumeister Pietro Lombardo aus einem vermurksten Vorgängerbau schuf: die schönste Kirche Venedigs.

Begonnen hatte alles mit einem Marienbildnis, das Francesco Amadi Anfang des 15. Jahrhunderts in der Nähe seines Hauses angebracht hatte. Als immer mehr Nachbarn und Gläubige sich hier versammelten, weil das Bild angeblich Wunder bewirkte, beschloss die Familie, für das

SANTA MARIA DEI MIRACOLI
CANNAREGIO 6075

TIPP

VERBILLIGTEN EINTRITT GIBT ES
IN VERSCHIEDENEN KIRCHEN
MIT DEM CHORUS PASS
WWW.CHORUSVENEZIA.ORG

Bild eine eigene Kirche zu errichten. Doch der erste Baumeister kam mit dem kleinen Grundstück direkt an einem Kanal nicht zurecht. Als Pietro Lombardo mit seinen Söhnen Tullio und Antonio 1481 an die Arbeit ging, fand er eine Bauruine vor. Doch das schreckte ihn nicht ab. Bis dahin hatten er und die Mitarbeiter seiner Werkstatt nur auf allen möglichen Baustellen der Stadt mitgearbeitet, jetzt aber konnte er erstmals ein ganzes Gebäude nach seinem Geschmack entwerfen. Und der orientierte sich an der damaligen Architektur-Avantgarde in Rom und Florenz. Während man in Venedig seit Jahrhunderten der Gotik verpflichtet war, entstanden dort die aufregendsten Bauten der Renaissance.

Als Erstes verwandelte Lombardo den Nachteil des engen Raums in einen Vorteil. Er schuf einen zierlichen, perfekt proportionierten Bau, innen wie außen aus kostbarsten Marmorsteinen. Er muss nicht nur viel Geld für die Materialien zur Verfügung gehabt haben, sondern auch eine große Freude am spielerischen Gestalten, an Farben und geometrischen Formen. Zu sehen ist das vor allem an der eleganten Hauptfassade: Halbkreise, Kreise, Rechtecke, Achtecke aus unterschiedlich farbigem Marmor sind hier eingelassen, dazu runde und längliche Bogenfenster, gerahmt von feinen Pilastern und Bögen. Überwölbt wird alles von einem anmutigen Rundbogen als Dach. Nichts wirkt überladen, alles ist klar gegliedert. Das hatte Lombardo von den antiken Baumeistern gelernt. Doch die Lust an Farbe und Ornament übernahm er von den Venezianern und aus dem Orient. Jede Fassade leuchtet in einem anderen Pastellton: Im Osten schimmert die Kirche blaugrau und weiß, Nord- und Südseite wirken rosig. Die Hauptfassade ist besonders schön gestaltet mit roten Porphyr-Verkleidungen und grüngeädertem Gestein, bläulichem *Bardiglio*- und strahlend-weißem

Carrara-Marmor. Lombardo setzt die Schönheit der Materialien in Szene. Diese Fassadengestaltung, die sogenannte *Inkrustation*, d. h. die Kunst, verschiedenfarbige, wertvolle Gesteinsarten so zu arrangieren, dass eine harmonische Gesamtwirkung entstand, kannten schon die Römer. Im Westen lange in Vergessenheit geraten und nur in Byzanz fortgeführt, wurde sie erst in der Renaissance wiederentdeckt.

Nach nur sieben Jahren war der Bau fertig. Die Kirche gilt als Lombardos Meisterwerk, als gelungene Synthese von Renaissance und venezianisch-byzantinischer Tradition. Der einstige Schatz der Kirche, das wundertätige Madonnenbild, hat seine frühere Bedeutung verloren, doch aus dem Gebäude, das dieses Bild bewahrt, ist selbst ein wunderbarer Juwel geworden, der auch als Hochzeitskirche beliebt ist.

VAPORETTO CA' D'ORO

Spezieria all'Ercole d'Oro

SPEZIERIA ALL'ERCOLE D'ORO
STRADA NOVA, SANTA FOSCA
CANNAREGIO 2233
TEL. 041 720 600

Was für ein besonderes Souvenir bringe ich aus Venedig mit? Diese Frage beschäftigte auch schon Könige. Als Heinrich III. 1574 in Venedig weilte, begab er sich eigens zum Shoppen ins *Rialto*-Viertel und kaufte dort inkognito richtig teuer ein: Lilienparfüm im Wert von 1500 Scudi. Das entsprach dem Wert des großen Diamanten, den er dem Dogen Alvise I. Mocenigo als Gastgeschenk mitgebracht hatte.
Bereits im 13. Jahrhundert hatten venezianische Kaufleute mit Amber, Moschus, Myrrhe, Weihrauch und Sandelholz aus China und Indonesien gehandelt. Aber erst im 16. Jahrhundert, nachdem die Handelsrouten sich verlagert hatten, begannen die Ve-

nezianer selbst Parfüm herzustellen. 1555 erschien in Venedig das erste Buch über Parfümherstellung und Kosmetik mit mehr als 300 Rezepten. Bei Experimenten mit den duftenden Essenzen hatten die *muschieri* (der Name der Parfümeure kommt von Moschus) herausgefunden, dass erst Alkohol die empfindlichen Rohstoffe haltbar macht. Die Herstellung war so kostspielig, dass Parfüm unter den vielen Luxuswaren, die – wie Glas, Stoffe oder Spitzen – in Venedig hergestellt wurden, zur allerteuersten avancierte – und einer der Luxusartikel wurde, mit denen die Lagunenstadt viel Geld verdiente, auch und gerade nachdem sie ihre Vormachtstellung auf dem Meer verloren hatte. Die Geschäfte konzentrierten sich in den damals prestigeträchtigsten Vierteln: *Rialto*, Prokuratorien, Markusplatz und *Mercerie*.

Heute muss man nicht mehr ganz so viel Geld ausgeben, um ein besonderes Parfüm-Souvenir aus Venedig mitzubringen: In der *Strada Nova* gegenüber vom *Rialto*-Viertel geht man in die *Spezieria all'Ercole d'Oro*, eine historische Apotheke, die im Stil des 18. Jahrhunderts restauriert wurde. Ein großzügiger Raum mit kostbarem Holztresen, Waage, Destilliergefäßen und Porzellandosen, in dessen Zentrum wir wunderschön dekorierte, kostbare Parfümflakons aus Muranoglas bewundern können. Die

Apotheke ist auf alte venezianische Düfte spezialisiert. Experimentierfreudige erstehen hier einen Koffer mit vielen duftenden Substanzen, aus denen sie ihr eigenes Parfüm mischen können. Als Mitbringsel eignet sich eher eines der Parfüms der Kollektion *The Merchant of Venice*, die nach alter venezianischer Rezeptur hergestellt wurden. Ob diese so duften wie das Lilienparfüm, das der französische König einst aus Venedig mitbrachte, weiß man natürlich nicht. Billiger aber ist es allemal.

VAPORETTO CA D'ORO

Der Portego der Ca' d'Oro

»Zerstört durch Restaurierung«, schimpfte Venedigkenner John Ruskin über die baulichen Veränderungen, die Besitzerin Marie Taglioni an der *Ca' d'Oro* veranlasst hatte: Balkone und eine Treppe im Innenhof wurden abgerissen, der reichverzierte Brunnen verkauft. Die berühmteste Tänzerin ihrer Zeit hatte den Palast 1847 von einem russischen Fürsten geschenkt bekommen und wollte sich hier in ihrem Ruhestand niederlassen. Doch dann ging ihr – Ruskin hätte gesagt: zum Glück – das Geld aus. 1880 verließ sie Venedig, der Palast verfiel zusehends. Als Baron Giorgio Franchetti 1894 nach langem Zögern die *Ca' d'Oro* für 170 000 Lire kaufte,

CA' D'ORO, GALLERIA FRANCHETTI
CANNAREGIO 3932
CALLE DI CA' D'ORO
TEL. 041 520 03 45
WWW.CADORO.ORG

TIPP

BACARO ALLA VEDOVA
(OSTERIA CA' D'ORO)
CALLE DEL PISTOR
CANNAREGIO 3912
TEL. 041 528 53 24
JEDER ISST HIER DIE BERÜHMTEN *POLPETTE*, FLEISCHBÄLLCHEN, DAZU EIN *OMBRA* – NATÜRLICH IM STEHEN!

war der berühmteste Palast am *Canal Grande* in jämmerlichem Zustand. Doch anders als die Vorbesitzerin setzte Kunst- und Antiquitätensammler Franchetti alles ein, um das Gebäude in den Originalzustand von 1421 zu versetzen. Kein leichtes Vorhaben, es wurde sein Lebenswerk. Ohne ihn könnten wir den wunderbaren Palazzo heute nicht mehr in seiner ursprünglichen Schönheit bewundern. Nur die Fassade weicht deutlich vom Urzustand ab: Ursprünglich leuchtete sie in kräftigen Farben – in Zinnoberrot und kostbarem Ultramarinblau, vor allem aber in Gold, daher auch der Name.

Doch in allem Übrigen war Baron Franchetti geradezu besessen vom historischen Original. Die Restaurierungsarbeiten überwachte er von Beginn an persönlich. Bei einem Pariser Antiquar kaufte er für viel Geld den Brunnen zurück, ein Meisterwerk des Renaissance-Bildhauers Bartolomeo Bon. Die Holztreppe, die im Innenhof in den 2. Stock führt, stammt aus dem 15. Jahrhundert. Unermüdlich und detailversessen forschte er nach Materialien aus der Bauzeit des Palastes, selbst nach winzigen Mosaiksteinchen für die Fußböden.

Besondere Aufmerksamkeit widmete der Baron der Gestaltung des *portego*, der repräsentativen Eingangshalle, in der früher Gäste empfangen und Feste gefeiert wurden. Hier legte er sogar persönlich Hand an. Für den 350 Quadratmeter großen Fußboden zeichnete er die geometrischen Muster vor. Dabei orientierte er sich – wie Bauherr Marino Contarini einst beim gesamten Bau – an der Markusbasilika. Kein einziger neuer Stein wurde verwendet, sondern nur kostbarster antiker Marmor in verschiedenen Farben. Die Mosaiken ließ er wie früher mit der Hand und nicht maschinell geschnitten mit alten, sehr arbeitsaufwändigen Techniken verlegen. Und zuallerletzt schwatzte er die römischen Skulpturen, die wir heute hier sehen, dem archäologischen Museum von Venedig ab, wo sie im Depot herumstanden. Zum Zauber des *portego* tragen auch die Wände bei, die mit ihrem geometrischen Muster aus rotgeädertem Marmor und istrischem Stein kostbar schimmern. Allein für diese Halle lohnt es sich, hinter die Fassade des *Ca' d'Oro* zu blicken.

Nachdem er all die kostspieligen Renovierungsarbeiten bezahlt hatte, schenkte Baron Franchetti 1916 den Palast mitsamt seiner Kunstsammlung der Stadt Venedig. Wohnen könne er hier nicht, für einen Juden wie ihn sei die *Ca' d'Oro* nicht erbaut worden, »sie war für Dogen bestimmt oder Ähnliches.«

VAPORETTO CA' D'ORO

Ponte Chiodo

Viele Städte rühmen sich, mehr Brücken zu besitzen als Venedig. Das mag stimmen. Doch keine Stadt hat so viele unterschiedliche. Kaum eine der fast 500 Brücken gleicht der anderen, nicht einmal am selben Kanal. Denn die Venezianer haben ihre Brücken immer an die örtlichen Bedingungen angepasst, an Wege, Wasserläufe, Ecken, Plätze oder Kirchen. Einfach abgerissen wurde ein Gebäude selten. Warum nicht stattdessen die Brückenbögen auch einmal schräg führen? Meist fanden die Architekten und Ingenieure der Stadt eine elegante Lösung. Obwohl manchmal mehrere Wege, ein *campo* und dazu noch Bootsanlegestellen auf engstem Raum

PONTE CHIODO
FONDAMENTA SAN FELICE

verbunden werden mussten, schwingen sich diese *ponti storti* so leicht und selbstverständlich über die Kanäle, als seien sie immer schon dagewesen. Für den Kunsthistoriker Norbert Huse gehören Brücken »zu den charakteristischen Bausteinen der Stadt«, »in ihrer Gesamtheit« sogar »zu den Meisterwerken der venezianischen Architektur«.

Ohne Brücken gäbe es Venedig gar nicht, denn erst die Verbindung der vielen kleinen Inseln durch steinerne Übergänge machte aus der Ansammlung von Einzelsiedlungen eine Stadt. Zwischen 1088 und 1362, in der Zeit des ökonomischen und politischen Aufstiegs, baute man bereits 258 Brücken, Ende des 16. Jahrhunderts war ihre Zahl auf mehr als 400 angewachsen. Dabei standen die Stadtplaner und Architekten vor vielen Problemen, die jedes Mal anders gelöst werden mussten: Auch unter der kleinsten Brücke mussten Boote ungehindert durchfahren können, alle brauchten natürlich solide Fundamente und durften keine allzu großen Hindernisse für Fußgänger und Lastenträger bieten. Aber nicht nur *comodo*, funktional und bequem, sollten die Brücken sein, sondern auch *bello*, schön: Venezianische Brückenbauer hatten selbst in den abgelegenen Winkeln die Schönheit ihrer Stadt im Blick.

Doch Brücken bieten nicht nur unserem Blick etwas, sie strukturieren auch unsere unbewusste Wahrnehmung des Stadtraums und der Zeit. Selten kommt man in Venedig einfach gradlinig von A nach B, immer wieder liegt eine Brücke dazwischen, mit der sich die Richtung ändert, so dass man leicht die Orientierung verliert. Dazu das viele Treppauf-Treppab, das sich, zumindest, wenn man es nicht gewohnt ist, einem konstanten Gehtempo verweigert. Beim Heraufsteigen wird man langsamer, oben verharrt man vielleicht für einen kurzen Blick aufs Wasser, dann eilt man umso schneller hinunter. Brücken bestimmen unser Tempo und verlangsamen es: Das merkt jeder, der hier mit Kinderwagen oder Koffer unterwegs ist. Dann fühlen wir uns für einen langen Moment zurückversetzt in die Zeit, in der es noch keine Aufzüge und keine Rolltreppen gab.

Doch früher war auch schon das Überqueren einer Brücke ohne Lasten schwieriger als heute. Denn früher hatten die Brücken, auch die engen, meist kein Geländer. Erst im 18. Jahrhundert baute man der Sicherheit zuliebe Geländer aus Stein, im 19. Jahrhundert aus Stahl. Nur eine einzige Brücke ohne Geländer ist in Venedig erhalten geblieben: die *Ponte Chiodo* über den *Rio San Felice* in *Cannaregio*. Sehr schön, zart und elegant – ein beliebtes Fotomotiv für Touristen. Kein Durchgangsverkehr führt über sie hinweg, da sie nur zu einem Privathaus führt. Wahrscheinlich wäre sie sonst auch längst mit einem Geländer versehen worden.

27

VAPORETTO MADONNA DELL'ORTO

Die Mohren am Campo dei Mori

Meine liebsten Skulpturen stehen weitab vom Zentrum und stammen noch nicht einmal von einem berühmten Künstler: *I Mori*, die Mohren, die im Sestiere Cannaregio einem stillen *campo*, einer *calle*, einer *ponte* und den *fondamenta* Namen gaben. Seit alters gehören sie zu den geheimen Wahrzeichen Venedigs. Ihre Herkunft und Bedeutung ist nicht verbürgt. Man nimmt allerdings an, dass sie die drei Kaufmannsbrüder Sandi, Afani und Rioba aus dem griechischen Morea darstellen. 1112 waren sie nach Venedig gekommen, hatten sich in Mastelli umbenannt und den vis-à-vis liegenden Palazzo Mastelli erbaut. Vielleicht bezieht sich der Name Mori aber

CAMPO DEI MORI

OSTERIA DA RIOBA
FONDAMENTA DELLA MISERICORDIA
2553
TEL. 041 524 4379
WWW.DARIOBA.COM

TIPP

IN DER *OSTERIA DA RIOBA* AN DEN *FONDAMENTA DELLA MISERICORDIA* KANN MAN DRAUSSEN DIREKT AM WASSER PASSABLEN FISCH, EIGENES, AUF ST. ERASMO ANGEBAUTES GEMÜSE UND GUTE *DOLCI* ESSEN.

auch auf ihre Handelsbeziehungen zum Orient – ein Relief am Palazzo zeigt ein Kamel, weshalb dieser auch *Palazzo del Cammello* genannt wird. Jedenfalls wurden die drei durch Handel mit Gewürzen und Seide so reich, dass selbst die alteingesessenen Venezianer beeindruckt waren. Doch glaubt man der Legende, brachte der Reichtum Sandi, Afani und Rioba kein Glück. Es heißt, sie hätten aus Gier eine Venezianerin betrogen, deren Fluch die Brüder in Stein verwandelt habe.

Eine andere Version besagt, dass zumindest einer von ihnen, Rioba, Glück bringe: Er hat eine ungewöhnliche schwarze Nase – wahrscheinlich nur, weil sie im 19. Jahrhundert fehlerhaft ersetzt wurde. Manche aber glauben, sie verweise darauf, dass Rioba eine Nase für Geld hatte. Und dass es Glück bringe, wenn man die Nase berührt.

Ein paar Schritte weiter komplettiert eine vierte Skulptur das Mohrentrio: ein Orientale mit prächtigem Turban, gleich neben dem Haus von Tintorettos Werkstatt. Auch bei dieser Figur wissen wir nicht genau, wen sie darstellt und wer sie geschaffen hat. Aber die Skulpturen erzählen davon, was Venedig dem Orient verdankte und wie sehr sich die Venezianer Kaufleute dem Orient verbunden fühlten. Heute ist der *Campo di Mori* meist menschenleer, die Häuser wirken etwas schäbig, und wenn nicht gerade eine Reisegruppe auf Tintorettos Spuren vorbeikommt, kann man die alten Skulpturen ganz allein auf sich wirken lassen.

28

VAPORETTO MADONNA DELL'ORTO

Casa del Tintoretto

Tintoretto, das Färberlein, nannten die Malerkollegen spöttisch Jacopo Robusti, weil sein Vater nur einfacher Seidenfärber war. Seine Anfänge waren schwierig. Tizian soll ihn aus der Werkstatt geworfen haben – aus Eifersucht auf sein Talent. Auch sonst wollte keiner den aufbrausenden jungen Mann unterrichten. Also brachte Tintoretto sich selbst das Malen bei – auf originelle Weise. Am meisten interessierte ihn der Mensch in Bewegung, wie er läuft, springt und sich in die Höhe schwingt. Diese Bewegungen probierte er an Gliederpuppen aus Wachs aus, die er aus verschiedenen Blickwinkeln studierte. Stark verkürzte Perspektiven, Figuren in aufgeregter Be-

CASA DEL TINTORETTO
FONDAMENTA DEI MORI, 3399

TIPP

GLEICH NEBENAN LOGIERT HEUTE DIE *BOTTEGA DEL TINTORETTO*, EINE DRUCKWERKSTATT, DIE IM SOMMER MAL-, DRUCK- UND HOLZSCHNITTKURSE ANBIETET: EINE WOCHE LANG TÄGLICH VON MORGENS BIS ABENDS UNTERRICHT IN WERKSTATTATMOSPHÄRE, MITTAGS SPEIST MAN GEMEINSAM – BEI GUTEM WETTER DRAUSSEN.
FONDAMENTA DEI MORI 3400
WWW.TINTORETTOVENEZIA.IT

3398

wegung, dramatisches Hell-Dunkel, dazu ein schneller Strich: Bei den Venezianern, die an die heitere und detailverliebte Malerei von Carpaccio bis Tizian gewöhnt waren, kam sein Stil nicht gut an. Doch Tintoretto ließ sich nicht einschüchtern, griff zu umstrittenen Methoden: Zum Verdruss der Kollegen akzeptierte er Dumpingpreise und ergatterte seinen größten Auftrag, die Ausmalung der *Scuola San Rocco*, 1564 mit einem Trick: Während die Konkurrenten brav nur Entwürfe präsentierten, enthüllte er ein fertiges Bild, das er nachts an Ort und Stelle an der Decke angebracht hatte, und schenkte es der Bruderschaft, die das Geschenk nicht ablehnen konnte.

Erst spät gründete er mit der Mitgift seiner Frau eine eigene Künstlerwerkstatt an der *Fondamenta dei Mori*. Wie damals üblich, halfen die Söhne Domenico und Marco mit. Ungewöhnlich aber war, dass im Atelier auch Marietta mitarbeitete, seine älteste – uneheliche – Tochter, das begabteste seiner Kinder und Vaters Liebling. Marietta lernte schnell und wurde bald zur wichtigsten Mitarbeiterin der Werkstatt. Vor allem mit ihrer Porträtkunst machte sich *La Tintoretta* beim venezianischen Adel einen Namen. Doch als Kaiser und Könige sie an ihre Höfe holen wollten, stoppte der Vater ihre Karriere: Um sie daran zu hindern, sein Haus zu verlassen, verheiratete er sie mit einem Goldschmied, der mit dem Schwiegervater unter einem Dach wohnen musste. Lange dauerte die Ehe nicht, Marietta starb mit etwa 30 Jahren. Von ihr sind nur wenige Werke erhalten, die alle nicht in Venedig hängen. Möglicherweise sieht man ihre Arbeit aber auch auf vielen Bildern Tintorettos, denn ihr Strich soll von seinem nicht zu unterscheiden gewesen sein. Ihr Tod traf den Vater schwer. Er starb wenige Jahre später 1594.

Begraben sind beide in Tintorettos Pfarrkirche, der *Chiesa Madonna dell'Orto*. Dort hängt auch ein berühmtes Bild, auf dem Marietta dargestellt sein soll: *Mariä Tempelgang*. Die Frau mit den kräftigen nackten Schultern, die dem Betrachter den Rücken zukehrt, soll ihre Mutter sein, das Kind an ihrer Hand Marietta. Vielleicht aber ist Marietta auch Maria, die im Mittelpunkt des Bildes steht. Das alles ist freilich Spekulation. Doch unter Tintorettos oft düsteren Bildern ist *Mariä Tempelgang* das heiterste und zarteste Werk.

29

VAPORETTO MADONNA DELL'ORTO, SAN MARCUOLA

Blaue Stunde an der Fondamenta Ormesini

Fotografen und Dichter lieben die »blaue Stunde« gleich nach Sonnenuntergang: Zeit der Dämmerung und des Übergangs, wenn sich der Tag verabschiedet und die Nacht noch nicht begonnen hat, Zeit der Zwischentöne, wenn die Sonne nur noch als rot-rosa-orangener Widerschein leuchtet und der Himmel erst zart, schließlich immer intensiver blau zu strahlen beginnt.

Selbst das prosaische *Sestiere Cannaregio* abseits des *Canal Grande* ist dann in ein geheimnisvolles Licht getaucht. Hier, wo keine orientalischen Paläste, sondern nur niedrige Reihenhäuser und kleine Gewerbebetriebe liegen, wo die Kanäle schnurstracks gerade verlaufen

AL TIMON
FONDAMENTA ORMESINI
CANNAREGIO 2754
TEL. 041 52 46066
WWW.ALTIMON.IT

und die steinernen Uferwege endlos lang sind, hat jetzt für viele die schönste Zeit des Tages begonnen: die Zeit für einen *aperitivo*. Den kann man auch an touristisch bedeutenderen Orten einnehmen, aber nirgendwo ist es so lässig, so entspannt wie hier an der *Fondamenta Ormesini*, wo eine Bar neben der nächsten liegt.

Besonders ungezwungen ist es im – oder besser gesagt: vor dem – *Al Timon*. Wenn es nicht gerade regnet und gefriert, sind alle Gäste draußen, viele stehen, manche sitzen auf der steinernen Uferböschung und lassen die Beine über dem Wasser baumeln. Am schönsten sitzt man auf dem alten Boot, das vor dem *Timon* liegt (der Name bedeutet übrigens Ruder oder Steuer). Die *cicchetti* holt man sich am Tresen, handliche Häppchen – *crostini* in allen Variationen, Fleischbällchen oder *sarde in saor*. Dazu ein Glas Wein der Tagesempfehlung oder einen *Spritz*, den klassischen Aperitif in Venedig, der hier besonders gut ist. Sonst oft zu süß und mit zu viel Eis, hat er hier die richtige Bitternote, sein sattes Rot-Orange erinnert an die leuchtenden Farbtöne des Sonnenuntergangs.

Für Fotografen währt die blaue Stunde nur kurz, manchmal – je nach Jahreszeit – nur dreißig Minuten. Doch hier kann man sie mühelos verlängern: mit einem weiteren *cicchetto* oder sogar mit einem richtigen Abendessen, denn das *Timon* ist bekannt für seine sehr ordentlichen Fleischgerichte.

VAPORETTO GUGLIE

Das Ghetto

MUSEO EBRAICO E SINAGOGHE
CANNAREGIO 2902/B
TEL. 055 29 89815
GHETTOVENEZIA.COM/MUSEO

Auf die Perspektive kommt es an: Für die meisten Venezianer markierte das Jahr 1797 das Ende der stolzen Serenissima, für die Juden der Stadt jedoch das Ende ihrer jahrhundertealten Gefangenschaft im Ghetto. Denn erst unter der französischen Besatzungsmacht wurden am 10. Juli 1797 die Tore des Ghettos geöffnet.

Ausgerechnet das sonst so weltoffene Venedig hatte 1516 das erste Ghetto der Welt errichtet und die Juden gezwungen, in einem von der Stadt abgetrennten, streng überwachten Bezirk zu leben. Zu diesem Zweck diente ein kleines Areal im *Sestiere Cannaregio*, in dem sich stillgelegte Gießereien befanden. Im venezianischen Dialekt hießen diese Fa-

briken *getò* (von *gettar* = gießen). Daher stammt auch der Name Ghetto. Es war kein schöner Ort damals, sondern dreckig, die Gassen düster, die Häuser schäbig. Auch nachdem das Areal bis 1633 erweitert worden war, blieb es eng. Die Bevölkerungsdichte war dreimal so hoch wie in vergleichbaren christlichen Bezirken, im 17. Jahrhundert lebten im Ghetto bis zu 5000 Menschen. Aus Platznot entstand eine architektonische Besonderheit, die dem Stadtteil noch heute anzusehen ist: Da man nur in die Höhe bauen konnte, wurde Stockwerk für Stockwerk angestückelt. Solche Hochhäuser sieht man sonst nirgends in Venedig. Die Wohnungen waren dunkel und überbelegt. Trotzdem kassierten die christlichen Hausbesitzer – Juden durften über kein Grundeigentum verfügen – Wuchermieten. Überhaupt schröpften die Venezianer die Juden, wo es ging: Neben stetig steigenden Steuern und Abgaben mussten sie auch noch für die Wächter aufkommen, die nachts das Ghetto kontrollierten. Wenn sie das Ghetto verließen, mussten Juden als Zeichen einen Stern tragen, in Gelb, der verpönten Farbe der Huren.

Erstaunlich, dass trotz so vieler Schikanen dennoch ein reiches religiöses und kulturelles Leben im Ghetto entstand. Ein Grund dafür lag darin, dass die Juden innerhalb der Ghettomauern ihr Leben selbst organisieren und ihre Religion frei ausüben konnten. Fünf Synagogen unterschiedlicher Glaubensrichtungen befanden sich hier, während anderswo Juden sich nur in Privathäusern zum Gottesdienst treffen konnten. Auch eine Schule und ein Altersheim gab es. Über das Leben der venezianischen Juden informiert das sehenswerte *Museo Ebraico*, das auch Führungen durch die Synagogen anbietet.

Dennoch – kein Mensch lebt gern eingesperrt – waren die Juden froh, als die Ghettotore endlich geöffnet wurden. Die Chroniken berichten von einem Freudenfest an jenem Julitag 1797. Sogar die Rabbiner sollen getanzt haben. Doch leider ging die Geschichte nicht so hoffnungsfroh weiter. Die schlimmste Zeit im Ghetto kam erst 150 Jahre später während der Besetzung Venedigs durch die Nationalsozialisten. Zwischen 1943 und 1945 wurden 246 Juden deportiert und größtenteils ermordet. Alle Namen der Deportierten sind auf einer Gedenktafel am *Campo Ghetto Nuovo* verzeichnet. An dieses dunkle Kapitel der venezianischen – und der deutschen – Geschichte erinnert auch das Mahnmal daneben.

31

VAPORETTO TRE ARCHI ODER SAN ALVISE

Venice Onboard

Zurück in die Zukunft – Venedig ist nur zu retten, indem man sich auf seinen vergessenen Ursprung besinnt: das Wasser. So dachte Emiliano Simon und gründete mit seinen Freunden Nicola und Damiano 2014 den Verein *Venice Onboard* im abgelegenen äußersten Norden von *Cannaregio*. Hier restaurieren sie historische Boote und geben Unterricht im Rudern *alla veneziana*. Übungsboot ist die *Gigetta*, ein *sandalo*, eines jener flachen, langen Boote, wie man sie in Venedig seit dem 13. Jahrhundert für die alltäglichen Transporte von Passagieren und Waren benutzte. Fünfzig Jahre ist das Boot alt und war völlig verrottet. Jetzt ist es wieder seetauglich, ein

VENICE ONBOARD
FONDAMENTA CONTARINI
CANNAREGIO 3009 / G
TEL. 03 429 610 166
WWW.VENICEONBOARD.IT

Schmuckstück aus glattlackiertem Holz.

Beim venezianischen Rudern steht man – ein Bein vorn, eines hinten. Eine rhythmische Bewegung des Rumpfs vor und zurück bringt das Boot vorwärts, nicht der Arm, der das Ruder hält. Gondolieri schaffen das allein, hier wird zu zweit geübt: vorn der Schüler, hinten Emiliano, der lenkt, und Tipps gibt. Regel Nr. 1: Nie die Mauern berühren, sich dort auch nie mit dem Ruder abstützen. Schon das erfordert viel Können und Erfahrung. Ein Wendemanöver in einem engen Kanal ist eine Millimeterarbeit, die der Lehrer übernimmt. Respektvolles Raunen der Zuschauer an Land, wenn Emiliano einmal vor-, einmal zurücklenkt und dann wie beim Ausparken das lange Gefährt gedreht hat. Emiliano rudert von Kindesbeinen an. Er hat es von seinem Großvater gelernt, einem Fischer, mit dem er viele Male auf der Lagune unterwegs war.

Diese Kunst wird man nie erreichen – schon um die traditionelle Rudertechnik einigermaßen zu beherrschen, braucht es monatelangen Unterricht. Doch selbst wer als Venedigbesucher nur einige Stunden üben kann, entdeckt mit den sympathischen Jungs von *Venice Onboard* bei einer solchen Fahrt wesentlich mehr als bei einer klassischen Gondelfahrt mit Gondoliere. Man er-fährt Venedig im wahrsten Sinne des Wortes aus einer ganz neuen – alten – Perspektive. So zeugen etwa die vielen zugemauerten Türen und Fenster davon, dass früher alle wichtigen Vorgänge vom Wasser aus und zum Wasser hin stattfanden: das Be- und Entladen sowie der Transport von Waren und Menschen. »Früher hat man hier das Wasser angeschaut und nicht den Himmel«, so Emiliano. Wir lernen viel über den Alltag in *Cannaregio*, kommen vorbei an der letzten offiziellen Bootswerft, an Tintorettos Wohnhaus, in dem Emiliano im Erdgeschoss wohnt, und an einem Bootshaus, in dem die ehemalige Meisterschaftsruderin Gloria Rogliani mit Kindern aus dem Viertel rudert.

Doch auch wer keine Lust zum Rudern hat, ist am Vereinssitz von *Venice Onboard* willkommen, einem eher unansehnlichen Schuppen, der aber liebevoll mit Topfpflanzen, Rettungsringen und einem blauen Anker geschmückt ist. Es gibt nichts zu essen oder zu trinken, dafür eine kleine Bibliothek, und alle Mitglieder sind freundlich zu Auskünften bereit. Man kann sich einfach nur hinsetzen und zuschauen, irgendeiner werkelt immer an einem Boot herum. Denn hier ist der einzige Ort der ganzen Stadt, an dem man umsonst Boote reparieren kann. Das nutzen zahlreiche Venezianer, inzwischen kommen auch viele Nachbarn, um Ruderstunden zu nehmen und sich so alte Stadträume zurückzuerobern.

Ein Ruderverein als Rettung der Stadt? Das ist vielleicht etwas hochgegriffen, aber wenn man mit Emiliano und seinen Freunden spricht, ihnen zuschaut und mit ihnen rudern geht, eröffnet sich ein anderer Blick auf Venedig – und darauf, wie die Stadt vielleicht gerettet werden könnte.

32

VAPORETTO: GUGLIE
MAN MUSS SICH DURCHFRAGEN!

Die Bibliothek der Farben in der Domus Orsoni

DOMUS ORSONI
CALLE DEI VEDEI
CANNAREGIO 1045
WWW.DOMUSORSONI.IT
INFO UND RESERVIERUNG BIBLIOTECA DEL COLORE: WWW.ORSONI.COM

TIPP

TRATTORIA DALLA MARISA
FONDAMENTA SAN GIOBBE
CANNAREGIO 652/B
TEL. 041 720 211
VAPORETTO TRE ARCHI
WEIT AB VOM SCHUSS,
KEINE SPEISEKARTE, ABER ALLE ESSEN GERN, WAS HIER AUFGETISCHT WIRD.
RESERVIEREN!

In der *Basilika San Marco* mauerten die Venezianer früher viele Fenster wieder zu, nur aus einem einzigen Grund: Damit sie noch mehr Flächen mit Mosaiken schmücken konnten. Und auch als anderswo die Kirchen längst ausgemalt wurden, schuf man in Venedigs Kirchen immer noch Mosaiken. Diese Kunst hatten sie von den Byzantinern gelernt und zur Vollendung gebracht, ein ganzes Heer von Handarbeitern und Künstlern war gut beschäftigt.
Heute existiert dieses einst florierende Gewerbe in Venedig faktisch nicht mehr. Nur in einem versteckten Winkel hat die Leidenschaft der Venezianer für Mosaiken überlebt: In

der Werkstatt der Familie Orsoni, die 1888 in *Cannaregio* begründet wurde. Die Orsoni sind die letzten, die die Geheimnisse dieser uralten Kunst bewahren und die Tradition fortführen. In der ganzen Welt sind ihre Steine gefragt – ob in *Westminster Abbey* in London oder als Schmuck für Buddhastatuen in Bangkok.
Produziert wird fast wie früher. Alles machen sie in ihrer Werkstatt selbst, vom Brennen der verschiedenen Materialien bei 1300 Grad bis zum Zerkleinern der fertigen Glassteine. Vier Millimeter auf acht ist das Maß. Augenmaß. Denn die freundlichen Frauen, die unglaublich schnell Platte für Platte in winzige Teile schneiden oder von Hand brechen, machen alles nach Auge. Fließbandarbeiterinnen? Handwerkerinnen? Nein, Künstlerinnen!
Ein besonders kritischer Moment ist die Entstehung der Farben, die der Meister persönlich überwacht. Da bei Mosaiken anders als in der Malerei die Farben nicht gemischt werden können, braucht man sehr viel mehr Farbabstufungen, ihre Zahl geht in die Tausende. Mehr als 2800 Farben werden hier hergestellt, jede einzelne Nuance in einer »Bibliothek der Farben« gesammelt. Ein magischer Raum: Wände, über und über bedeckt mit Regalen, auf denen die Farbplatten wie Bücher stehen, alle nummeriert. Unwillkürlich denkt man an Biblio-

theken, deren Besitzer früher die Bände der *edition suhrkamp* nach Farben sortierten – mit dem Unterschied, dass es hier unendlich viel mehr Schattierungen gibt: allein hundert verschiedene Hauttöne, Rotvarianten vom zartesten Rosa bis zum tiefen Zyklam, alle Farbtöne des Wassers von Lagune und Meer. Und wie unterschiedlich Schwarz ausfallen kann! Eine eigene Abteilung bilden die Steine mit Blattgold. In dieser ungewöhnlichen Bibliothek beweist sich wieder einmal die alte Fähigkeit der Venezianer, aus einem Nachteil – dass die Farbe eines Steinchens ein für allemal festgelegt ist – einen Vorteil und eine Kunst zu machen.

Nur an zwei Tagen im Monat ist die ungewöhnliche Bibliothek für Besucher zugänglich – es sei denn, man logiert als Hausgast hier. Fünf moderne Zimmer besitzt das *Domus Orsoni*, jedes anders gestaltet. Am schönsten sind die Bäder mit Mosaiken, die Besitzer Angelo Orsoni selbst designt hat. Dazu ein verwunschener Garten, gutes Frühstück, freundliche Leute und absolute Stille des Nachts, die das *Domus Orsoni* zum empfehlenswerten Quartier machen. Wer sich richtig in die Kunst des Mosaiks vertiefen will, kann einen der Kurse belegen, die das Haus regelmäßig veranstaltet. Es soll Gäste geben, die Venedig einmal im Jahr nur zu diesem Zweck besuchen.

VAPORETTO FERROVIA

Das Resistenza-Denkmal auf Gleis 9

Man übersieht es leicht auf Gleis 9 im Bahnhof *Santa Lucia*, wo die Züge aus Vicenza, Verona, Ferrara oder Padua ankommen: das Denkmal der *ferrovieri*, der Eisenbahner aus dem Veneto, die im Kampf für die *Resistenza* ums Leben kamen. Fünf Namen nur, sonst nichts auf der schlichten Bahnsteigsäule.

Anders als Rom gehört Venedig nicht zu den Städten, die für spektakuläre Widerstandsaktionen gegen die deutsche Besatzungsmacht bekannt sind. Denn die Widerstandskämpfer lebten hier noch gefährlicher als anderswo. Es gab nur wenige Fluchtmöglichkeiten, die leicht zu kontrollieren waren: die Wasserseite, die unter den Faschisten

STAZIONE FERROVIA SANTA LUCIA
BINARIO 9 (GLEIS 9)

1933 gebaute Autobrücke und natürlich die Eisenbahn, die seit 1846 die Stadt mit dem Festland verbindet. Genau die Eisenbahn aber kontrollierten die Deutschen besonders streng. Denn Stadt und Provinz Venedig waren ein Nadelöhr, ein wichtiger Verkehrsknotenpunkt für Transporte nach Deutschland und Österreich. Ende 1943 ging es dabei vor allem um Militärtransporte von Kriegsgefangenen ins Reich, wo man sie in den Konzentrationslagern als Arbeitskräfte benutzte – griechische und jugoslawische Kriegsgefangene, die mit deutschen Schiffen in Venedig landeten, aber auch italienische Soldaten, die nicht rechtzeitig vor der deutschen Armee geflüchtet waren. Und die blutjungen Kadetten aus der Marineschule S. Elena. Sie alle wurden in Waggons gepfercht, die anschließend versiegelt wurden. Alles unter strenger Aufsicht.

Bartolomeo Meloni, 1900 in Cagliari auf Sardinien geboren und damals Chefinspektor der staatlichen Eisenbahn Venedigs, bekam das alles mit. Doch er ließ sich nicht abschrecken und gründete mit seinen Eisenbahnerkollegen eine Widerstandsgruppe. Allen war klar, dass heimliche bewaffnete Aktionen unmöglich waren, überall standen wachsame deutsche Soldaten. Verhindern konnte man die Transporte nicht, aber immerhin durch Sabotageakte empfindlich stören. Die Eisenbahner streuten buchstäblich Sand ins Getriebe, zerschnitten Bremsschläuche, schmuggelten Wasser und Brot, manchmal sogar Werkzeug in die Waggons. Und das alles unter den Augen der Deutschen. Ihr Trick: Sie versteckten nichts, taten, als ob sie ganz normal arbeiteten.

Lange aber ging das nicht gut. Zwei Monate nur konnte Meloni den Widerstand organisieren, bevor er am 4. November 1943 von der SS verhaftet wurde. Nach einer Odyssee durch verschiedene Lager starb er 1944 in Dachau. Ein besonnener Mann sei er gewesen, erinnerten sich Kollegen nach dem Krieg, ein gläubiger Katholik und eher ein leiser Mensch, kein typischer Held. Aber er und seine Eisenbahnerkollegen waren die Ersten, die in Venedig aktiv wurden und damit anderen Mut gemacht haben. Dafür werden Meloni und weitere vier Eisenbahner dort geehrt, wo sie versuchten, die mörderischen Transporte zu behindern: im Bahnhof.

Castello

VAPORETTO SAN ZACCARIA

Campo Santa Maria Formosa

CAMPO SANTA MARIA FORMOSA

Kein Baum spendet Schatten, nur wenige Bänke stehen am Rand, und auch die Zahl der Lokale ist überschaubar: Auf den ersten Blick lädt der riesige *Campo Santa Maria Formosa* nicht zum Verweilen ein. Viele Touristen überqueren ihn rasch auf dem Weg nach *San Marco* oder zum *Rialto*. Doch für die Bewohner ist er mehr als ein Verkehrsknotenpunkt. Die Ecke im Norden ist beliebt bei Fußball spielenden Kindern, die wenigen Bänke am anderen Ende sind meist von zeitungslesenden Rentnern besetzt, beim Gemüsestand wird eingekauft und mitten auf dem Platz bleiben immer wieder Menschen stehen und wechseln ein paar Worte. Für die

Nachbarn ist er vor allem ein sozialer Raum – und das schon seit Jahrhunderten.

Früher als andere Städte hatte Venedig erkannt, wie wichtig Plätze für Stadtbild und sozialen Zusammenhalt sind. Entstanden sind die *campi* (zu deutsch: Felder) aus Gärten, Wiesen, Niemandsland am Rand der Bebauung. Oft blieben sie Privatbesitz, manchmal aber kaufte die Stadt die Flächen, ließ sie pflastern und schuf so öffentliche Orte. Bereits im 16. Jahrhundert waren die Venezianer stolz auf ihre vielen *campi*, wo andere Städte noch nicht einmal eine zentrale *piazza* besaßen. Ganz unterschiedliche Plätze entstanden im Laufe der Zeit: kleine, große, regelmäßige und verwinkelte, glanzvolle und solche, die heute eher heruntergekommen sind. Der *Campo Santa Maria Formosa* gehört zu den verwinkelten, mit sieben – versetzten – Zugängen, dazu mehreren Brückeneingängen für Palazzi. Im Unterschied zu anderen Plätzen steht die um 1500 erbaute Kirche, die dem Platz den Namen gab, frei mittendrin.

Sie zählt zwar nicht zu Venedigs Hauptsehenswürdigkeiten, lohnt aber für Literaturinteressierte einen Abstecher, denn Rainer Maria Rilke verewigte sie in den *Duineser Elegien*. Dort heißt es: »Oder es trug eine Inschrift sich erhaben dir auf, wie neulich die Tafel in Santa Maria Formosa.«

»Neulich« war der 3. April 1911. Ein schöner Morgen, so die Fürstin Marie von Thurn und Taxis, die den Dichter damals auf seinem Spaziergang begleitete. Ihr verdanken wir auch einen Hinweis auf die erwähnte Tafel. »In allen Kirchen, die wir aufsuchten, ging er den Inschriften auf den Grabsteinen nach, besonders denen früh Verstorbener.«

Ein solches Epitaph findet sich in *Santa Maria Formosa* im rechten Querschiff über dem Südportal. Es ist auf Lateinisch verfasst und beklagt den vorzeitigen Tod der beiden Antwerpener Kaufleute Gulielmus und Antonius

Hellemans, die Ende des 16. Jahrhunderts hier beigesetzt wurden. Dass Rilke in seiner großen Dichtung an zwei Unbekannte, längst Vergessene erinnert, passt zu dem unspektakulären Campo Santa Maria Formosa, der zwar nie in der Geschichte der Stadt, wohl aber im alltäglichen Leben der Venezianer eine bedeutende Rolle gespielt hat.

VAPORETTO SAN ZACCARIA

Die Bibliotheca Querini-Stampalia

Was tun abends in Venedig? Die Opernsaison ist kurz, Konzert- und Nachtleben sind auch nicht gerade aufregend. Wenn dann noch das Wetter schlecht ist ... Ein Vorschlag: Man gehe in die Bibliothek der *Fondazione Querini-Stampalia*. An sechs Tagen der Woche ist sie bis Mitternacht geöffnet, nur sonn- und feiertags schließt sie bereits um 19 Uhr.

Gegründet wurde die Stiftung von Conte Giovanni aus der uralten Familie Querini-Stampalia, die sogar zu den Stadtgründern zählte. Politisch allerdings standen die Querini immer im Abseits. 1310 hatten sie sich an einer Verschwörung beteiligt und waren seither »auf ewig« vom Dogenamt ausgeschlossen.

BIBLIOTECA DELLA FONDAZIONE
QUERINI-STAMPALIA
CAMPO SANTA MARIA FORMOSA
CASTELLO 5252
WWW.QUERINISTAMPALIA.ORG

TIPP

SEHENSWERT IST AUCH DIE PINACOTECA QUERINI-STAMPALIA NEBENAN MIT DER GEMÄLDESAMMLUNG DES GRAFEN UND DEM ZEN-GARTEN VON CARLO SCARPA

Das hinderte sie nicht daran, immer reicher zu werden, sie kauften sogar eine eigene Insel, deren Name Stampalia fortan ihren Namen zierte.

Doch im 19. Jahrhundert war Graf Giovanni der letzte Stammhalter dieser geschichtsträchtigen Familie. In seinem Testament vermachte er 1868 sein gesamtes Hab und Gut der Stadt: Geld, den riesigen Renaissance-Palast am *Campo Santa Maria Formosa* mitsamt Möbeln, Geschirr und einer umfangreichen Kunstkollektion, dazu all seine Bücher. Unter der einen Bedingung: dass der Palast fortan Sitz einer Stiftung würde mit einer Bibliothek, die für alle zugänglich sei und in der man lesen und studieren könne, wenn alle anderen Büchereien schon geschlossen haben – bis Mitternacht und auch an Sonntagen. Die Lesesäle sollten in seiner ehemaligen Wohnung eingerichtet werden. Ein Ort der Kultur, der Gelehrsamkeit, der Neugierde und der intellektuellen Begegnung schwebte ihm vor – wohl genau das, was ihm seinerzeit in Venedig, das unter österreichischer Fremdherrschaft sowie unter politischer und kultureller Bedeutungslosigkeit litt, am meisten fehlte. Muss man sich den Grafen als einsamen Menschen vorstellen? Jedenfalls war er kein rückwärtsgewandter Melancholiker, der den glorreichen Zeiten seiner Familie hinterhertrauerte, sondern vielmehr interessiert an Literatur und Kunst, vor allem aber an den neusten Erkenntnissen der Wissenschaften. Ein zukunftsorientierter Denker, der etwas für die Bildung aller tun wollte. Und ein pragmatischer Mensch. Sonst hätte er nicht so detaillierte Bedingungen an die Stadtverwaltung gestellt wie die ungewöhnlichen Öffnungszeiten und dass die Räume immer gut geheizt werden sollten – wohl aus eigener Erfahrung, wie schwer die Riesenräume zu beheizen waren.

Heute umfasst die Bibliothek mehr als 350 000 Bücher, teils aus dem Originalbestand, darunter Familiendokumente, alte Manuskripte, Karten und Stadtpläne, teils aus Neuanschaffungen, dazu aktuelle Zeitungen und internationale Zeitschriften. Bibliotheksangestellte erteilen einem Rentner, der sich für Stadtgeschichte interessiert, ebenso freundlich Auskunft wie jemandem, der nur einen Blick in die Tageszeitungen werfen will.

Die Lesesäle befinden sich in den riesigen Räumen der ehemaligen gräflichen Wohnung. Die Bücher sind in edlen Holzregalen frei zugänglich, man sitzt zu mehreren an großen alten Holztischen unter funkelnden Kronleuchtern. Viele Studenten kommen hierher, natürlich mit eigenem Notebook. Die freundliche gemeinschaftliche Arbeitsatmosphäre und die vielen unterschiedlichen, vor allem jungen Leute, die hier studieren und den alten Palast beleben, hätten dem Grafen sicher gefallen. Weniger gefreut hätte ihn allerdings, dass inzwischen die Öffnungszeiten verkürzt wurden.

36

VAPORETTO SAN ZACCARIA ODER CELESTIA

Carpaccio in der Scuola Dalmata di San Giorgio degli Schiavoni

SCUOLA DALMATA DI SAN GIORGIO DEGLI SCHIAVONI
CALLE DEI FURLANI
CASTELLO, 3259 / A
TEL. 041 522 88 28
WWW.SCUOLADALMATAVENEZIA.COM

Die *Scuola Dalmata* liegt versteckt in einem Gewirr kleiner Gassen im Viertel *Castello*. Das Gebäude ist von außen unscheinbar, doch der alte Sitz der Kaufleute aus Dalmatien lohnt unbedingt einen Besuch. Denn hier befindet sich eines der schönsten Kunstwerke der venezianischen Renaissance: drei Bilderzyklen, die Vittore Carpaccio von 1501 bis 1507 im Auftrag der Bruderschaft schuf.

Thema der Zyklen sind die Schutzheiligen Dalmatiens: Georg, Tryphon und Hieronymus. Wie bei großer Literatur geht es aber nicht nur ums Sujet, sondern vor allem um dessen malerische Ausgestaltung. Obwohl das Geschehen sich an

exotischen Orten abspielt, sind in den meisten Bildern Hinweise auf Venedig zu finden. So sieht man in *Der heilige Hieronymus führt den zahmen Löwen* die alte Kirche und das Hospiz, die beide dem Neubau der *Scuola* weichen mussten, und *Die Vision des heiligen Augustinus* ist in ein zeitgenössisches venezianisches Studierzimmer verlegt. Dazu teilt Carpaccio die Liebe der Venezianer zu exotischer Prachtentfaltung und stellt immer wieder Turbane und orientalische Gewänder dar, dazu alle Arten venezianischen Lichts, vom hellen Morgenstrahl in der *Studierstube* über den Mittagsdunst im *Begräbnis des hl. Hieronymus* bis zum dramatischen Abendhimmel, unter dem Georg den Drachen bekämpft.

Trotz der märchenhaften Anmutung ist Carpaccios Kunst stets auf die Wirklichkeit bezogen. Manche Bilder enthalten sogar Kommentare zur Zeitgeschichte. So präsentiert *Georg tötet den Drachen* eine erschreckende Szenerie: verstümmelte Leichen, abgetrennte Gliedmaßen, dazu Eidechsen, Schlangen, Kröten und einen furchterregenden Drachen. Viele Interpreten sehen darin eine Anspielung auf die Türken, in deren Banner ein Drache figurierte – eine durchaus plausible Deutung, denn der Krieg gegen die Türken 1499-1502 war gerade überstanden und die dalmatische Küste, Heimat der Bruderschaft, hatte im Krieg besonders gelitten.

Über Carpaccio selbst wissen wir wenig, nicht einmal sein genaues Geburtsdatum. Aus seiner Vorliebe für orientalische Motive schloss man, dass er Gentile Bellini nach Konstantinopel begleitet habe. Dessen Bruder Giovanni half er später bei der Ausgestaltung der *Sala del Maggior Consiglio* im Dogenpalast mitgearbeitet und wurde sogar sein Nachfolger als offizieller Maler der Republik. Doch bald darauf kam seine Malweise aus der Mode. Die letzten Lebensjahre verbrachte er in Dalmatien, 1525 oder 1526 starb er in Venedig.

Wie kein Maler zuvor und danach hat er das Bild Venedigs als einer märchenhaften, orientalisch anmutenden Stadt geprägt. Seine Bilder wirken zwar wie von einem staunenden Kind gemalt, sind aber äußerst sorgfältig komponiert. Obwohl keineswegs Realist, fügte er immer wieder alltägliche Details ein – wie etwa den rassigen Windhund und das domestizierte Hündchen in den *Zwei venezianischen Damen* (im *Museo Correr*) oder das weiße Schoßhündchen, das sich im *Wunder des Patriarchen von Grado* (in der *Accademia*) auf einer Gondel räkelt. In der *Vision des heiligen Augustinus* in der *Scuola* wird ein Hund sogar zum heimlichen Bildzentrum, fällt das Licht doch nicht nur auf Augustinus, sondern auch auf den kleinen Spitz, der ihn aufmerksam anschaut.

Jedenfalls geht man anders durch Venedig, nachdem man Carpaccios Bilder gesehen hat, achtet auf Details und bemerkt etwa, wie viele kleine Hunde noch heute auf Venedigs Gassen herumgeführt werden.

VAPORETTO SAN ZACCARIA

Vivaldi am Campo Bandiera e Moro

Sie brauchen nur Ball, Springseil oder Kreide: Wenn man Kindern auf einem der *campi* Venedigs beim Spielen zusieht, fühlt man sich in alte Zeiten zurückversetzt. Doch solche Spiele kannten viele Kinder nicht, die früher am *Campo Bandiera e Moro* aufwuchsen. Ganz in der Nähe lag das *Ospedale della Pietà*, eines der vier großen Waisenhäuser der Stadt, das Mitte des 14. Jahrhunderts von Franziskanern gegründet wurde. Hier konnten ledige Mütter Neugeborene in eine Babyklappe legen. Bald wurden nur noch Mädchen aufgenommen, die streng erzogen schon mit zehn Jahren als Köchin, Wäscherin, Näherin oder Segelmacherin Geld verdienen

SAN GIOVANNI IN BRAGORA
(VIVALDI-PLAKETTE)
CAMPO BANDIERA E MORO
CASTELLO 3790

TIPP

TRATTORIA DA REMIGIO
SALIZADA DEI GRECI
CASTELLO 3416
TEL. 041 523 00 89
LANGE TISCHE, VIELE ITALIENISCHE FAMILIEN, ÜPPIGE PORTIONEN. COMMISSARIO BRUNETTIS LIEBLINGSLOKAL

mussten. Zeit zum Spielen gab es nicht, aber die Ausbildung erleichterte es den Kindern, später Arbeit zu finden. Bekannt wurde das *Ospedale* durch seinen Mädchenchor und hervorragende Instrumentalistinnen – im musikbegeisterten Venedig ein großer Prestigegewinn und wichtige Geldquelle für das Waisenhaus.

Der Unterricht der Mädchen stellte allerdings ein Problem dar. Zwar sah stets eine Zuchtmeisterin den Lehrern auf die Finger. Doch immer wieder gab es Liebeleien, verschwand ein Mädchen oder wurde schwanger. Da passte es, dass sich 1703 ein Priester als Geigenlehrer bewarb: Antonio Vivaldi, wegen seiner roten Haare *il prete rosso* genannt. Er stammte aus der Nachbarschaft, war am *Campo Bandiera e Moro* aufgewachsen und in der Kirche *San Giovanni in Bragora* getauft worden. Früh schon spielte er lieber Geige als auf der Straße und galt bald als Wunderkind. Doch der Vater schickte den Knaben ins Priesterseminar, denn nur die geistliche Laufbahn eröffnete Zugang zu einflussreichen Familien. Zeitlebens blieb Vivaldi Priester, ließ sich aber ab 1712 aus Gesundheitsgründen von allen liturgischen Aufgaben befreien. Am Musizieren hinderte ihn sein Asthma aber nie.

Viele Jahre wirkte Vivaldi mit Unterbrechungen als Lehrer und Chorleiter an der *Pietà* – zum Glück für das Waisenhaus, denn der »rote Priester« machte es zum berühmtesten Konservatorium der Stadt. Seine Chorkonzerte wurden gefeiert, aus ganz Europa kamen Touristen, um die von ihm ausgebildeten »Engelstimmen« zu hören – in einer Zeit, in der Sopran- und Altpartien nur von Kastraten gesungen wurden.

Daneben ging Vivaldi auf Konzertreisen, die den Komponisten über Venedig hinaus berühmt machten. Doch die vielleicht wichtigsten Einflüsse verdankte er der Arbeit im *Ospedale della Pietà*. Denn die vielen talentierten Sängerinnen und Musikerinnen dort forderten ihn und er forderte sie. Für einige schuf er eigens Werke wie 32 Violin- und Bratschenkonzerte für Anna-Maria del Violin oder 36 Cellokonzerte und -sonaten für Teresa. Mehr als den Vornamen der jungen Frauen kennt man kaum, ihre Geschichte wäre noch zu schreiben. Sie müssen hervorragende Musikerinnen gewesen sein, denn die Werke verlangen den Solisten einiges ab.

1740 ging Vivaldi nach Wien, nachdem seine Musik in Venedig nicht mehr gefragt war. Dort starb er 1741 und wurde in einem Armengrab verscharrt. Sein Werk geriet in Vergessenheit und wurde erst im 20. Jahrhundert wiederentdeckt. Heute feiert Venedig Vivaldi mit vielen Konzerten, in denen aber leider meist nur die *Vier Jahreszeiten* erklingen. Dabei hat er mehr als 500 Kompositionen hinterlassen, Opern, Madrigale, Solokonzerte, Sinfonien und zahlreiche Vokalwerke.

VAPORETTO ARSENALE

Das Arsenal

ARSENALE
CAMPO DI ARSENALE

TIPP

WÄHREND DER BIENNALE FINDEN AUF DEM GELÄNDE DES ARSENALE KUNSTAUSSTELLUNGEN STATT.

Auf ihre offene Stadt waren die Venezianer immer stolz. Nur einen Ort sicherten sie wie andere ihre Burg: das Arsenal, die Staatswerft. Aus gutem Grund, denn Venedigs Macht und wirtschaftliche Stärke gründeten seit Beginn auf Seefahrt und Schiffsbau. Ihre Schiffsbaukunst verschaffte den Venezianern jahrhundertelang Vorteile vor allen anderen Handelsmächten der mediterranen Welt.

Die Anfänge der Werft um 1100 waren bescheiden. Erst als der Bedarf an Schiffen im 14. Jahrhundert immer mehr wuchs, fassten die Stadtoberen den Beschluss, die Werft zu verstaatlichen und den Schiffsbau zur Chefsache zu machen. Unter

staatlicher Aufsicht wurde das Arsenal zur größten und modernsten Werft Europas. In der Folgezeit entstand hier das erste zusammenhängende Industriegebiet der Welt. Auf einem Siebtel der gesamten Stadtfläche arbeiteten im 16. Jahrhundert bis zu 16 000 Menschen und produzierten Schiffe wie am Fließband: 1570 baute man in 50 Tagen 100 Kriegsgaleeren. Klar, dass andere Staaten Venedigs Know-how haben wollten. Die Venezianer aber hüteten ihre Geheimnisse. Zwar gehörte ein Gang durchs Arsenal zum Programm bei Staatsbesuchen, und vor Verbündeten protzte man gern mit den eigenen Fähigkeiten. Berühmt ist z. B. die Anekdote, 1574 sei ein komplettes Schiff gebaut worden, während Doge Alvise Mocenigo I. mit Heinrich III. von Frankreich dinierte. Doch allen anderen, auch den Bürgern Venedigs, die nicht hier arbeiteten, war der Zutritt verwehrt.

Das gilt im Prinzip noch heute. Auch wir stehen vor der hohen Mauer und der verschlossenen *Porta Magna*. Doch schon das Portal in seiner immer wieder ergänzten Gestalt erzählt eine ganze Menge. Repräsentativ gestaltet wurde das Tor ab 1460 als Zeichen der Stärke gen Osten. Dort baute Sultan Mehmed II. nach der Eroberung Konstantinopels 1453 gerade selbst ein riesiges Arsenal. Als Antwort auf diese Bedrohung vergrößerte man die Werft und verwandelte das schmucklose Portal in ein Triumphtor nach antikem Vorbild. Nach jedem Erfolg der venezianischen Flotte wurde der Schmuck durch allegorische Figuren ergänzt. Den Sieg bei Lepanto 1571 feierte man mit der Justitia ganz oben, die acht Statuen rechts und links vom Eingang wurden nach Siegen ab 1684 aufgestellt.

Am auffälligsten aber sind die fünf Löwen. Im Giebelfeld der klassische Markuslöwe mit den mächtigen Flügeln. Während seine steinernen Brüder anderswo in der Stadt meist eine offene Bibel mit der Friedensbotschaft präsentieren, hält er das Buch geschlossen. Im Arsenal wurden schließlich nicht nur Handelsschiffe gebaut, sondern auch Galeeren für die Kriegsflotte. Und die schützte nicht nur die Handelswege, sondern wurde von Anfang an auch für Raubzüge genutzt.

Davon zeugen auch die vier Löwen vor dem Eingang, allesamt Kriegstrophäen. Drei brachte Doge Francesco Morosini 1688 aus der Ägäis mit, darunter den Löwen, der einst den Hafen von Piräus beschützt hatte (links vom Eingang). Der Mini-Löwe ganz rechts wurde 1716 als Trophäe der Wiedereroberung Korfus und letztes Beutestück der Republik aufgestellt. 80 Jahre später, am 9.1.1798, wurde das Arsenal dann selbst zur Beute, als Napoleon die dort ankernden Schiffe und alles Brauchbare nach Frankreich bringen ließ und die Werft zerstörte.

VAPORETTO GIARDINI

Spaziergang in Castello

Wie es im Arsenal aussah und wie dort gearbeitet wurde, wussten in Venedig nur die *Arsenalotti*, die Werftarbeiter, auf deren Arbeitskraft letztlich der Erfolg der Stadt beruhte. Sie mussten hart arbeiten und wurden streng kontrolliert, genossen aber auch viele Vorteile. Die Regierung stellte für sie rund um das Arsenal Wohnungen zur Verfügung, zwar klein, schmucklos und in engen Gassen, dafür aber zum Teil mit lebenslangem Wohnrecht – ein frühes Beispiel sozialen Wohnungsbaus. Dazu bezogen die Werftarbeiter lebenslangen Lohn, solange sie nur zur Arbeit erschienen. Manche waren sogar von Steuern befreit. Die *Arsenalotti* genossen viele

Privilegien, bildeten eine Elite innerhalb der Arbeiterschaft Venedigs mit ihrem eigenen Quartier (in dem sie sogar die Polizei stellten), eigenem Dialekt (dem *linguaggio arsenalesco*) und sogar eigenen Frisuren. Meist blieben sie deshalb unter sich, ihr ehemaliges Wohngebiet ist ganz auf das Arsenal bezogen.

Die Werftarbeiter waren eine verschworene Gemeinschaft, die man nicht verärgern durfte, niemand war wie sie gewöhnt, in großen Gruppen zusammenzuarbeiten und Anweisungen ebenso schnell wie effektiv umzusetzen. Die *Arsenalotti* waren stolze und selbstbewusste Arbeiter – die aber auch ganz schön schuften mussten. Zur Belohnung stellten sie die Ehrengarde des Dogenpalastes, und nur sie durften den *Bucintero*, das Prachtschiff des Dogen, manövrieren.

Wie hart die Arbeit im Arsenal Anfang des 14. Jahrhunderts war, erfahren wir in Dantes *Göttlicher Komödie* (der Text ist auf Italienisch nachzulesen am Eingangstor des Arsenals): Dort ist das Arsenal ganz weit unten in der Hölle angesiedelt, wo die Betrüger und Fälscher im heißen Pech leiden müssen. Die Wohnungen, die die Oberaufseher (*patroni*) aus dem Patriziat auf dem Gelände des Arsenals beziehen mussten, hießen übrigens *Paradiso* (Paradies), *Purgatorio* (Fegefeuer) und *Inferno* (Hölle).

Einige der alten Häuser der Werftarbeiter sieht man noch rund um das Arsenal, dazu weist das östliche *Castello* immer noch den Charakter eines Arbeiterviertels auf, das nicht viel mit dem prächtigen historischen Stadtkern zu tun hat. Hier findet man kaum Touristen, dafür Wäscheleinen zwischen den Häusern und ganz normale Geschäfte. An Werktagen findet vormittags auf der Via Garibaldi ein Markt mit Obst, Gemüse und Haushaltswaren statt.

VAPORETTO GIARDINI

La partigiana: Denkmal für die venezianische Partisanin

DIE SKULPTUR *LA PARTIGIANA* BEFINDET SICH GANZ IN DER NÄHE DES VAPORETTO-ANLEGERS GIARDINI.

Ein am Ufer liegender Frauenkörper aus grauweiß verwittertem Stein, übersät von tannengrünen Tangfäden und moosfarbenen Algenteppichen. Immer wieder schwappen Wellen über die Skulptur. Man denkt an eine Meergöttin, eine Nymphe oder eine venezianische Meerjungfrau. Erst wenn man den bequemen, breiten Spazierweg an den *Giardini* verlässt und zum Ufer hinabsteigt, sieht man die gefesselten Hände, den wie zu einem Schrei schmerzhaft geöffneten Mund und die verdrehten Gliedmaßen der Figur. Sie stellt eine unbekannte Partisanin dar, ein ungewöhnliches Denkmal mit einer bewegten Geschichte.
Nach dem Zweiten Weltkrieg er-

richtete man überall in Italien Denkmäler für die Helden des Widerstands, die Partisanen, die mit Waffen gegen die Deutschen gekämpft hatten. Um als Partisan zu gelten, mussten strenge Kriterien erfüllt werden: Nur wer mindestens sechs Monate zu einer Widerstandsgruppe gehörte und dabei an wenigstens drei bewaffneten Auseinandersetzungen beteiligt war, galt als Partisan und konnte mit einem Denkmal geehrt werden. Das waren fast ausschließlich Männer. Was aber war mit den vielen mutigen Frauen, die nicht bewaffnet gekämpft, aber Flugblätter verteilt, Widerstandskämpfer versteckt oder Nachrichten weitergeleitet hatten und deren Namen keiner kannte? Auch die sollten mit einem Denkmal geehrt werden, beschloss man in Venedig und beauftragte den umbrischen Bildhauer Leoncillo, der selbst aktiv als Partisan gekämpft hatte. Er schuf 1955 eine ungewöhnliche Skulptur, expressiv-neokubistisch. Als Material wählte er Keramik statt der klassischen Denkmalstoffe wie Marmor oder Bronze. Die Skulptur sollte – so Leoncillo – keine Mutter darstellen, auch kein Frauenopfer, sondern eine Kämpferin: eine junge Frau, aufrecht und vital, aber aus dem zerbrechlichen und vielfarbigen Material Keramik. Das Werk gefiel der Kunstkommission gut – bis auf den roten Schal, den sie um den Hals trug. Zu kommunistisch, befand die Jury. Leoncillo realisierte eine zweite Version seiner Partisanin, diesmal mit einem braunen Schal. 1957 wurde sie feierlich eingeweiht. Allerdings stand sie nicht lange. 1961 wurde sie durch die Bombe eines Neofaschisten zerstört. (Das Original mit rotem Schal befindet sich heute in der Ca' Pesaro.)

Fast zehn Jahre dauerte es, bis wieder ein Denkmal errichtet wurde. Den neu ausgeschriebenen Wettbewerb gewann der Bildhauer Augusto Murer mit einer völlig anderen Skulptur aus Bronze: Eine am Boden liegende tote Frau mit gefesselten Händen. In den Mittelpunkt stellte er das Leiden der Opfer, nicht mehr das Siegreiche. Das Denkmal wurde jetzt direkt an den Wasserrand verlegt. Carlo Scarpa entwarf dafür eine Art Ponton aus Zement, der so auf dem Wasser schwimmt, dass die Figur bei Hochwasser im Wasser liegt. Doch auch die Bronze hielt nicht ewig, das Wasser nagte am Material, mehrfach musste die Skulptur bereits komplett restauriert werden.

Es ist eine schöne, eine traurige Figur. Anders als die berühmte *Kleine Meerjungfrau* in Kopenhagen stellt sie keine viel besuchte Sehenswürdigkeit dar, kaum einer kennt sie, kaum einer macht auf dem Weg zur Biennale bei ihr Halt. Stumm wie Andersens Meerjungfrau scheint sie heute nicht mehr zu uns zu sprechen.

Dorsoduro

VAPORETTO SALUTE

Fortuna di Mare-Skulptur auf der Dogana

PUNTA DELLA DOGANA
CAMPO SAN SAMUELE
DORSODURO 3231

ALLE INFORMATIONEN ZU PINAULTS KUNSTMUSEUM CENTRO D'ARTE CONTEMPORANEA: WWW.PALAZZOGRASSI.IT

In der Neuzeit entdeckten die Seefahrerstädte Italiens die antike Glücksgöttin neu. Sie gaben ihr neue Attribute – Kugel plus Ruder oder Segel – und einen neuen Namen: *Fortuna di Mare*. Die Kugel symbolisiert den ungewissen Kurs der Göttin – das unsichere, chaotische Wesen des Meeres. Ruder und Segel aber stehen für die Kraft der Menschen, die Unwägbarkeiten von Wind und Wasser zu beherrschen.

In Venedig weiß man von Anfang an um das Unwägbare der Elemente, sogar die Stadt selbst steht auf schwankendem Grund. Aber Venedig sorgte stets vor. Um die besten Schiffe zu bauen, stellten die Venezianer

den Schiffsbau unter Staatsaufsicht und erließen strenge Normen – von der Lagerkapazität für Frachten bis zur Anzahl der Ruderer. Alle großen Schiffe gehörten der Republik, Kaufleute konnten sie mieten und auf den großen Handelsrouten im Konvoi segeln, begleitet von schwerbewaffneten Galeeren, falls Piraten oder feindliche Schiffe auftauchen sollten. Kleinere Schiffe mussten hoch versichert werden. Venedig setzte auf die Berechenbarkeit des Risikos. Und das zahlte sich jahrhundertelang aus. Auf die Berechenbarkeit verweist auch der Standort der *Fortuna di Mare*: An der Spitze des Stadtteils *Dorsoduro* erhebt sich die Statue auf der *Dogana*, der Zollstation, der Venedig die wichtigsten Staatseinnahmen verdankte. Dazu thront die Bronzefigur auf einer Weltkugel, die von zwei Atlanten getragen wird. Ihr Blick aber geht Richtung Meer, auf dem die Stadt ihren Reichtum erwarb – auch dank der nautischen Fähigkeiten, wie das Ruderblatt zeigt, das sie als Wetterfahne in den Wind hält.

Die Skulptur wurde 1678 von Bernardo Falconi für den Neubau der Zollstation geschaffen. Damals war Venedigs Zukunft auf dem Meer allerdings bereits so gut wie beendet. Nach 25-jährigem Seekrieg gegen die Türken war 1669 mit Kreta die letzte große Besitzung verloren gegangen. Dazu hatte die sonst so sparsame Stadt Schulden in unerreichter Höhe angehäuft. Das Glück hatte sich gewandelt, die Zukunft der Stadt lag nicht mehr auf dem Meer. Venedigs *Fortuna di Mare* ist deshalb mehr Erinnerung an vergangene Zeiten als Hoffnungsträgerin.

Doch der Niedergang der Seemacht bedeutete nicht Venedigs Untergang. Fortan investierten die Venezianer nicht mehr ins Risiko der Seefahrt, sondern ließen reiche Kaufleute und Unternehmer in die Stadt, die ihr Geld auf dem Festland gemacht hatten. Zur Sanierung der Staatsfinanzen erfand Venedig eine neue Einnahmequelle. Nachdem seit 1297 keine neuen Familien mehr in den Adel erhoben worden waren, kauften sich 127 Familien zwischen 1646 und 1718 in den Patrizierstand ein – wie etwa die Labia und die Rezzonico, die mit prächtigen Palästen und rauschenden Festen die neue Ära des 18. Jahrhunderts und das Bild von Venedig als Stadt des Vergnügens prägten.

2009 wurde die jahrzehntelang unbenutzte Zollstation an den französischen Milliardär Henri Pinault verkauft, der dort ein Museum einrichtete. Mit den Einnahmen aus der Sanierung maroder Sägewerke schuf er einen riesigen Mischkonzern für Luxusgüter, ihm gehören Gucci und Yves St. Laurent, ein Theater, ein Fußballclub, ein Weingut und das Auktionshaus Christies. In wenigen Jahrzehnten hat er eine der weltweit bedeutendsten Sammlungen zeitgenössischer Kunst zusammengekauft. Im Geschäft wie in der Kunst interessiere ihn nur der Blick in die Zukunft, sagte er einmal im Interview. Da passt die Fortuna auf sein neues Museum in der ehemaligen *Dogana* gut.

VAPORETTO SALUTE

Santa Maria della Salute

Keine andere Stadt war so gut gegen die Pest gerüstet wie Venedig. Neben einer eigenen Gesundheitsbehörde zum Seuchenschutz gab es seit 1423 auf der Insel *Lazzaretto Vecchio* ein riesiges Pestkrankenhaus, 1468 gründete man auf *Lazzaretto Nuovo* die erste Quarantänestation der Welt, wo Seeleute von verdächtigen Schiffen 40 Tage ausharren mussten, bevor sie die Stadt betreten durften.

Doch im Sommer 1630 kam die Pest auf dem Landweg – mit dem venezianischen Heer, das vor Mantua vernichtend geschlagen worden war. Sofort ergriff man die bekannten Maßnahmen und wies Bettler und Arme aus. Doch nichts half. Da erinnerte sich der

SANTA MARIA DELLA SALUTE
CAMPO DELLA SALUTE
DORSODURO 1

EXTRA: DIE ALTE QUARANTÄNE-INSEL *LAZZARETTO NUOVO* KANN MAN VON APRIL BIS OKTOBER BESICHTIGEN. NUR MIT FÜHRUNG
WWW.LAZZARETTONUOVO.COM

Stadtrat, dass die letzte große Epidemie 1577 mit dem Bau der Kirche *Il Redentore* geendet hatte, und beschloss, mit 50 000 Gulden aus der Staatskasse ein Gotteshaus für die Jungfrau Maria zu errichten. Doch die Zahl der Toten stieg. Im November 1630 starben fast 500 Menschen täglich. Keiner durfte Venedig mehr verlassen, das öffentliche Leben erstarrte.

Als die Pest ein Jahr später im Oktober 1631 zum Erliegen kam, war ein Drittel der 140 000 Einwohner gestorben. Die Überlebenden aber waren dankbar. Obwohl die Stadt am Boden lag, begann man sofort mit dem Bau von *Santa Maria della Salute*. Die 50 000 Gulden waren schnell weg – allein für das Fundament aus Eichenhölzern. Immer wieder stockten die Arbeiten. Erst 1686, nach mehr als 50 Jahren, war der Bau fertig, der unglaubliche 420 136 Dukaten gekostet hatte. Trotzdem schlossen die Venezianer die Kirche sofort ins Herz.

Mit ihrem achteckigen Grundriss in Form einer Marienkrone gleicht sie keinem anderen Gebäude der Stadt. Über 100 freistehende Marmorfiguren schmücken Venedigs bedeutendste Barockkirche, dazu Säulen, Pilaster und auffallend geschwungene Zierelemente, vom Volk liebevoll *orecchioni*, große Ohren, genannt. Die Kirche ist das Werk Baldassare Longhenas, der die Vollendung seines Meisterwerks nicht mehr miterlebte. Als junger Architekt hatte er die Baukommission mit seinem innovativen Grundriss überzeugt und mangelnde Erfahrung wettgemacht, indem er Handwerker und Arbeiter um Rat fragte. Meist wird das als Entscheidungsschwäche ausgelegt, mir aber gefällt die Idee, dass die Kirche ein Gemeinschaftswerk ist – vielleicht ein Grund für die große Anteilnahme der Bevölkerung.

An die Vertreibung der Pest erinnert eine Figurengruppe des Hauptaltars: Links kniet eine reichgeschmückte Personifikation Venedigs und fleht die Madonna in der Mitte um Beistand an. Die Pest steht rechts, eine alte, ausgemergelte Frau, in Lumpen gekleidet – eine der eindrücklichsten Darstellungen der Seuche. Noch ungewöhnlicher ist die Marienfigur ganz oben auf der Kuppel. Kaum zu sehen, trägt sie einen venezianischen Admiralsstab in der Hand. Hat sie damit die Pest vertrieben? Zufall oder nicht: Seit dem Bau dieser Kirche gab es in Venedig keine große Pestepidemie mehr. Die Venezianer nennen sie nur *La Salute*, die Gesundheit.

VAPORETTO SALUTE

Collezione Guggenheim

COLLEZIONE PEGGY GUGGENHEIM
DORSODURO 701
WWW.GUGGENHEIM-VENICE.IT

TIPP

AI GONDOLIERI
CALLE S. DOMENICO
DORSODURO 366
TEL. 041 528 63 96
WWW.AIGONDOLIERI.IT
FLEISCH, GEMÜSE, KEIN FISCH,
SPEZIALITÄT: RISOTTO NACH ART DES HAUSES

Auch reiche Menschen können eine unglückliche Kindheit haben und unter der Enge der Verhältnisse leiden. Doch nur wenige wenden das so produktiv wie Peggy Guggenheim mit ihrer einzigartigen Sammlung moderner Kunst. 1898 als Tochter einer reichen Industriellenfamilie in New York geboren, wuchs sie in einer Villa auf, die von teuren Möbeln und ausgestopften Tieren überquoll, einem »Haus des Schreckens und des Grauens«, wie sie später schrieb. Der Vater starb beim Untergang der Titanic und hinterließ zerrüttete Finanzen. Es folgte der soziale Abstieg: Die Familie litt zwar nie wirklich Not, Peggy erbte später sogar 450 000 Dollar, aber die

Verwandten blickten fortan auf sie herab, zudem wurde sie als Jüdin angefeindet.

Zunächst weiß Peggy nicht viel mit dem Leben anzufangen. Schon als junge Frau hat sie unglückliche Liebschaften, arbeitet in einem Buchladen, engagiert sich politisch und spendet für streikende Minenarbeiter. Zum wirklichen Aufbruch kommt es erst, als sie 1921 nach Paris zieht, heiratet, viele Künstler kennenlernt und die moderne Kunst entdeckt. Hans Arps Skulptur *Kopf und Muschel* habe sie sofort besitzen wollen, heißt es in ihren Memoiren. Nach Scheidung und vielen Affären eröffnet sie 1938 in London eine Galerie und beginnt ohne Vorkenntnis zu sammeln, was andere scheußlich finden, wie z.B. Giacometti oder Kandinsky.

Im Juli 1941 verlässt sie Europa mit ihrem späteren zweiten Mann Max Ernst und eröffnet in New York eine Galerie, in der junge amerikanische Maler wie Jackson Pollock auf geflohene Avantgardekünstler aus Europa treffen. Nach erneuter Scheidung und diversen Affären bricht sie endgültig ihre Zelte in Amerika ab und übersiedelt nach Venedig, wo sie 1948 auf der Biennale ihren größten Erfolg feiert: Künstler und Publikum staunen über ihre Sammlung, die als erste enzyklopädische Ausstellung der Kunst des 20. Jahrhunderts in Europa gilt. »Am meisten aber freute ich mich, daß auf den Orientierungsplänen in den Giardini Pubblici der Name Guggenheim neben den Namen Großbritanniens, Frankreichs, Hollands, Österreichs, der Schweiz, Polens, Palästinas, Dänemarks, Belgiens, Ägyptens, der Tschechoslowakei, Ungarns und Rumäniens zu lesen war. Ich fühlte mich wie ein europäisches Land.«

1949 kauft sie den *Palazzo dei Leoni* am *Canal Grande* und wohnt dort inmitten ihrer Kunst, die heute im ursprünglichen Ambiente zu sehen ist. Alle wichtigen Maler und Bildhauer der Moderne sind vertreten: Braque,

Picasso und Klee, Dalí, Magritte, Chagall, die frühen Abstrakten de Kooning und Mondrian, Calders Mobiles und Skulpturen von Mirò und Moore, auch Arps wunderschöne Muschelfigur. Die Wohnung ist voll mit Kunst und ähnelt doch keineswegs der geistigen Enge ihres Elternhauses, unter der Peggy als Kind gelitten hatte. Mit ihrer Sammlung hat sie der Welt ein eigenes Werk hinterlassen, geprägt von Sachkenntnis und persönlicher Handschrift. Fast alle darin vertretenen Künstler kannte sie persönlich, mit vielen hatte sie Affären, die meisten unterstützte sie finanziell. Profit wollte sie selber übrigens nie aus ihrer Sammlung schlagen.

Weil Venedig die Zollgebühren für die Sammlung nicht übernahm, hinterließ Peggy Guggenheim bei ihrem Tod 1979 alles der Solomon-Guggenheim-Stiftung. Begraben ist sie im Garten – neben ihren 14 Schoßhündchen.

VAPORETTO ZATTERE

Bocca di Leone – Briefkasten für Denunzianten

»Die Verderbtheit der Sitten schreitet von Tag zu Tag fort«, berichtet ein gewisser Antonio Pratolino 1774 an den Magistrat und beklagt die »extreme Freizügigkeit im Umgang der Geschlechter«. Pratolino ist einer von zahlreichen Spitzeln für die Regierung Venedigs. Tag und Nacht unterwegs, belauscht er Liebespaare in Cafés, verfolgt Verdächtige, inspiziert Oper und Theater auf verdächtige Textstellen hin.

In Venedig herrschte damals ein doppelbödiges Klima. Einerseits ging es dort freizügiger zu als in anderen Städten, besonders in den sechs Monaten des Karnevals. Das wusste jeder, viele Fremde kamen nur deshalb hier-

SANTA MARIA DELLA VISITAZIONE
FONDAMENTA DELLE ZATTERE AI GESUATI

her und viele – auch Patrizier – verdienten gut daran. Die offizielle Moral aber war streng. Es gab eine Staatsinquisition, Tugendwächter (die berüchtigten *signori della notte*) sowie ein Heer von Spitzeln und privaten Denunzianten. Wer erwischt wurde und keine Protektion genoss, dem winkten Folter und harte Strafen wie öffentliche Bloßstellung, Galeerendienste oder Haft in den berüchtigten Bleikammern. Manchen drohte sogar der Tod, mindestens aber lange Gefängnisstrafen, wie einem unglücklichen Theaterunternehmer, den Pratolini angezeigt hatte.

Dabei hatte dieser Pratolini die Folgen einer Denunziation einst am eigenen Leib verspürt. Denn hinter dem Pseudonym verbirgt sich kein anderer als Giacomo Casanova, Venedigs berühmtester Libertin. Er war einst selbst angezeigt worden, ein Signor Manuzzi hatte ihn 1755 der Freimaurerei, Lasterhaftigkeit und Gotteslästerung bezichtigt. Daraufhin hatte man ihn in den *Piombi*, den berüchtigten Bleikammern, eingesperrt, wo ihn Flöhe, Hunger, Höllenhitze oder bittere Kälte so plagten, dass er im November 1756 nach fünfzehn Monaten Haft die gefährliche Flucht wagte und als Erster aus dem damals sichersten Gefängnis Europas ausbrach. Für seine spektakuläre Flucht feierte man ihn in ganz Europa, seine umfassende Bildung faszinierte große Herren und mit seinen Verführungskünsten betörte er die schönsten Frauen.

Doch nach zwanzig Jahren verließ ihn das Glück im Spiel und bei den Frauen. Er war froh, 1774 von Venedig begnadigt worden zu sein und in seine Heimatstadt zurückkehren zu können. Weshalb wurde er Spitzel? Hatte er sich von seinem Lebensprinzip der Sinnenlust abgewandt? Bereute er sein Leben als Wüstling und Spieler und wollte er der Republik bei der Durchsetzung moralischer Prinzipien behilflich sein? Tatsächlich hatte er viel profanere Gründe: Er brauchte Geld und als Spitzel bezog er einen Monatslohn von 15 Dukaten. Doch sehr überzeugend scheint er in seinem neuen Job nicht gewesen zu sein, denn bereits nach drei Monaten wurde er wieder entlassen und zog sich nach Böhmen zurück, wo er seine Memoiren schrieb.

Als Orte jener schrecklichen Zeit der Staatsinquisition sind heute vor allem die Bleikammern bekannt. Daran, dass an der Überwachung dieses vermeintlich freizügigen Staates viele anständige Bürger mitgeholfen haben, erinnern überall in der Stadt noch steinerne Briefkästen, die eigens für Anzeigen und Denunziationen angebracht worden waren. Ihr Name: *Bocca di Leone* – Löwenmaul. Ein besonders schönes und gut erhaltenes Exemplar befindet sich im *Sestiere Dorsoduro* auf den *Zattere* neben der Kirche *Santa Maria della Visitazione*.

VAPORETTO ACCADEMIA

Accademia I: Venedig in Bildern

GALLERIE DELL'ACCADEMIA
CAMPO DELLA CARITÀ
DORSODURO 1050
WWW.GALLERIEACCADEMIA.IT

TIPP

ANTICA LOCANDA MONTIN
FONDAMENTA BORGO
DORSODURO 1147
TEL. 041 522 71 51
WWW.LOCANDAMONTIN.COM
DAS ESSEN IST SO LALA, MAN SITZT ABER SEHR SCHÖN UNTER DER SCHATTIGEN PERGOLA WIE VOR HUNDERT JAHREN D'ANNUNZIO UND SEINE KÜNSTLERFREUNDE. NETTE, ALTMODISCH EINGERICHTETE PENSIONSZIMMER MIT VIEL KUNST AN DEN WÄNDEN.

Auf den ersten Blick wirkt die *Accademia* einschüchternd, enthält die bedeutendste Sammlung venezianischer Malerei doch vor allem großformatige Werke von Tizian, Tintoretto oder Veronese. Doch ein Besuch führt nicht nur durch die venezianische Kunstgeschichte, sondern bietet im ersten Stock auch einen Rundgang durch das alte Venedig. Denn fast alle Bilder handeln mehr oder weniger auch von der Stadt selbst.

Hinweise auf Venedig finden sich schon in Giovanni Bellinis zarten Madonnenbildern aus dem späten 15. Jahrhundert. Auf der *Pala San Giobbe* thront Maria, Schutzpatronin Venedigs, mit dem Kind unter einer goldenen

Kuppel, die an die Markusbasilika erinnert (Saal 2/3). Ein Jahrhundert später versetzte Paolo Veronese ein religiöses Sujet ins weltliche Venedig. Das *Letzte Abendmahl*, 1573 für die Kirche *S. Giovanni e Paolo* gemalt, rief wegen der vielen unbiblischen Figuren die Inquisition auf den Plan. Veroneses Verteidigung (»Wir Maler nehmen uns Freiheiten, die sich Dichter und Verrückte nehmen«) wurde zwar berühmt, überzeugte aber die Richter nicht, die eine gründliche Überarbeitung forderten. Doch Veronese änderte nur den Titel. *Das Gastmahl im Haus Levi* verweist auf die bei Lukas erzählte Geschichte vom Gastmahl eines Zöllners, an dem Jesus mit seinen Jüngern teilnimmt, worauf die Pharisäer murren, warum er mit Sündern esse. Darauf Jesus: Es sei nicht seine Aufgabe, Gesunde zu heilen, sondern Sünder zur Buße zu rufen. Die Stelle forderte also geradezu die Darstellung sündiger Genießer (Saal 10). Die für Venedig interessantesten

Bilder hängen in den Sälen 19 bis 22: Carpaccios Zyklus der heiligen Ursula (Saal 21) und die Gemälde zur Geschichte der Kreuzreliquie (Saal 20). Besonders aufschlussreich: ein Vergleich zwischen Gentile Bellinis *Errettung der Reliquie aus dem Wasser* (1496) und Carpaccios *Wunder der Kreuzreliquie* von 1494. Beide zeigen, wie begeistert venezianische Künstler die Welt erkundeten, in der sie lebten – und wie unterschiedlich sie dabei vorgingen. Bei Bellini wahren Mönche, Patrizier und Jungfrauen diszipliniert die hierarchische Ordnung und schauen brav auf die Rettung der Reliquie. Carpaccio hingegen situiert das Wunder im geschäftigen Alltag der Venezianer, die das religiöse Ereignis kaum bemerken. Hier werden Venedig und seine Lebenskunst zum eigentlichen Wunder, das der Maler feiert.

Nicht zu versäumen das letzte Bild des Rundgangs: der *Tempelgang Mariens*, den Tizian 1534-39 für die *Scuola della Carità* malte, in deren Räumen später die *Accademia* eingerichtet wurde. Auch hier erzählt ein religiöses Gemälde von der Stadt: links die Stifter zusammen mit anderen reichen Venezianern, rechts die kleine Maria, die zum Tempel hinaufsteigt. Hier freilich tritt die repräsentative Darstellung der Stadt hinter dem religiösen Inhalt zurück, weil es Maria ist, die den Blick des Betrachters auf sich zieht.

VAPORETTO ACCADEMIA

Accademia II: Giorgiones Tempesta

Man übersieht das ungewöhnlich kleine Gemälde fast unter den riesigen Werken der *Accademia*. Doch kaum ein Bild hat die nachfolgenden Künstler so beeinflusst wie Giorgiones *Tempesta*. Und kaum ein Bild hat die Interpreten so beschäftigt, denn es ist eines der rätselhaftesten Werke der Kunstgeschichte.
Unter gespenstisch bewölktem Gewitterhimmel sehen wir eine allegorische Landschaft mit einem kostbar gewandeten Soldaten und einer stillenden Frau. Handelt es sich um eine Szene aus der Bibel oder um eine Geschichte von Ovid, Boccaccio oder Petrarca? Jedenfalls unterscheidet sich das Bild fundamental von den anderen hier ausgestellten Werken

GALLERIE DELL'ACCADEMIA
CAMPO DELLA CARITÀ
DORSODURO 1050
WWW.GALLERIEACCADEMIA.IT

TIPP

CANTINONE DEL VINO GIÀ SCHIAVI
PONTE SAN TROVASO
DORSODURO 992
TEL. 041 523 0034
WWW.CANTINASCHIAVI.COM
ERFINDUNGSREICHE CICCHETTIKUNST
PLUS RIESENWEINAUSWAHL IN
TRADITIONELLEM AMBIENTE

venezianischer Malerei, in denen stets auch die Stadt selbst dargestellt wird. Bei Giorgione dagegen stehen Landschaft und Farbe im Zentrum. Gemalte Landschaften gab es zwar schon, seit Giovanni Bellini Ende des 15. Jahrhunderts in seinen Madonnenbildern eine sakrale Landschaftspoesie eingeführt hatte, bei Giorgione aber wird die Landschaft aus religiösen Bezügen gelöst.

Über seine Person wissen wir nicht viel: 1476/77 in Castelfranco geboren, war er Schüler Giovanni Bellinis in Venedig, starb aber bereits mit 33 Jahren. Neben dem Gewitterbild sind von ihm nur wenige gesicherte Bilder bekannt. Doch in mehrfacher Hinsicht leitete er eine Zeitenwende ein, kein anderer Maler der Zeit hat so mit bestehenden Traditionen gebrochen und so viele malerische Neuerungen gebracht. Entscheidende Voraussetzung für sein Werk ist, dass sich die Leinwand als Bildträger durchsetzte und die Malerei auf Stein und Holz ablöste. Dadurch veränderte sich der Malvorgang grundlegend: Die traditionelle Abfolge von Hell nach Dunkel drehte sich um, nun ging der Maler von den dunkelsten Tönen aus und näherte sich allmählich dem Hellen. Revolutionär war auch, dass Giorgione ohne Skizze direkt auf die Leinwand malte, dafür aber das Bild vielfach korrigierte, wie Röntgenaufnahmen zeigen.

Mit der maltechnischen Revolution einher geht eine Revolution der Inhalte: Das Bild stellt keine bekannte biblische oder mythologische Geschichte mehr dar, und die Landschaft löst sich aus der bisherigen Rolle als Hintergrund, wird zum eigenständigen Sujet. Farben gewinnen ein Eigenleben, je näher man an das Bild herantritt. Giorgione bringt die Malerei an sich zur Geltung, das Changieren von Licht und Schatten, das Spiel von Linien und Flächen. Damit macht seine Kunst auch eine neue Art der Rezeption erforderlich, einen Dialog zwischen Bild und Betrachter, der nicht mehr eine Geschichte wiedererkennen soll, sondern eigene Deutungen entwickeln muss. Dabei ist es vielleicht nicht entscheidend, das Rätsel des Inhalts zu lösen. Schon Vasari vermerkte: »Ich habe nie den Sinn des Ganzen verstanden und auch niemanden gefunden, der ihn mir hätte erklären können.« Anders als etwa Carpaccios Bilder lässt sich Giorgiones Kunst nicht nacherzählen, schon die Zeitgenossen konnten kein Thema ausmachen, nur Motive und Stimmungen.

Er konnte allerdings auch ganz anders, wie das zweite, ebenfalls ungewöhnliche Bild von ihm in der *Accademia* zeigt: *La vecchia*, eine hyperrealistisch gemalte alte Frau. Mitleidlos zeigt es ihre tiefen Runzeln, die Zahnlücken und den verstörten Blick. In der Hand trägt sie ein Band mit der Inschrift »col tempo« (mit der Zeit), eine Erinnerung an die Endlichkeit des Seins. So drastisch malte kein anderer venezianischer Maler die Vergänglichkeit des Lebens – und vielleicht auch von Venedigs Pracht und Ruhm.

47

VAPORETTO ZATTERE ODER ACCADEMIA

Die Gondelwerft von San Trovaso

SQUERO SAN TROVASO
DORSODURO 1097
FONDAMANTA BONLINI
30 123 VENEDIG
WWW.SQUEROSANTROVASO.COM
FÜHRUNGEN AUF ANMELDUNG

TIPP

DEN SCHÖNSTEN BLICK AUF DIE PITTORESKE GONDELWERFT HAT MAN VON DER *OSTERIA AL SQUERO*, EINEM *BACARO* GEGENÜBER: MORGENS BEI KAFFEE UND BRIOCHES, AB MITTAGS BEI *CICCHETTI* UND WEIN
OSTERIA AL SQUERO
FONDAMENTA NANI
DORSODURO 943/944

Ein kleines Holzhaus mit roten Geranien auf dem Balkon, daneben ein Schuppen: eine Berghütte, ein Bauernhof in den Alpen? Nein, wir sind mitten in Venedig und blicken auf den *Squero di San Trovaso*, eine der letzten und ältesten Gondelwerften der Stadt. Dass die Werft wie ein Berghof aussieht, ist allerdings kein Zufall.

Denn gegründet wurde die Werft vor ungefähr 400 Jahren von einigen jungen Männern aus dem *Cadore*-Tal in den Dolomiten. Schon seit 1420 lieferten die waldreichen Täler dieser abgelegenen Gegend einen Großteil von Venedigs Nachschub nicht nur an Holz, sondern auch an Arbeitskräften.

Niemand kannte sich mit Holz so gut aus wie die Männer dort. Wem die Heimat zu eng wurde, ging nach Venedig, das viele gute Jobs im Holzhandwerk bot. Gefragt waren Arbeitskräfte vor allem im Schiffsbau außerhalb des Arsenals, denn dort durften nur Venezianer arbeiten. Viele der einstigen Bergbewohner wurden so Bootsbauer, Schiffszimmerer oder Rudermacher.

Als 1607 die *Squeroli* (Bootsbauer für Privatboote) sich zur Zunft mit eigener Ausbildung und Gerichtsbarkeit zusammenschließen durften, kamen ganze Familien aus den Bergen hierher: verschworene und verschwiegene Gemeinschaften mit harten Regeln, die den Dialekt ihrer Heimat oft ein Leben lang bewahrten. Vielleicht hat in diesem Gemeinschaftsgeist auch das Wort *squero* seine Wurzel, das sowohl von *squara* (venezianisch für Winkeleisen, das charakteristische Handwerkszeug der Bootsbauer) als auch von *squadra* (Mannschaft) stammen kann.

Auch als sich Werften wie der *Squero di San Trovaso* ab dem 19. Jahrhundert auf den Gondelbau spezialisierten, blieb weiterhin alles in der Familie. Die geheimnisumwitterte Ausbildung dauerte acht Jahre, das Wissen um die Herstellung von Gondeln wurde von Generation zu Generation mündlich weitergetragen. Wo anderswo Kräne die mehr als 370 Kilo schweren Boote ins Wasser hieven, müssen hier noch heute die Arbeiter selber Hand anlegen. Wie in alten Zeiten biegt man die Hölzer vorsichtig nur mit Wasser und Feuer. *San Trovaso* ist die Einzige der alten Werften, in der noch alles wie früher gemacht wird – ohne mechanische Hilfe, nur mit Körperkraft. Eines hat sich allerdings geändert: Der heutige Bootsbauer, Lorenzo della Toffola, kommt weder aus der Familie noch aus den Alpen. Gelernt hat er bei einem Konkurrenten, dem legendären Bootsbauer Nedis Tramontin, dessen Werft sich seit 1884 ununterbrochen im Familienbesitz befindet.

Seit langem soll hier ein Gondelwerft-Museum entstehen. Aus Geldmangel wird die Museumseröffnung Jahr um Jahr verschoben. Dabei wäre es wichtig, sowohl zu zeigen, wie die Gondeln gebaut werden, als auch daran zu erinnern, dass diese Boote mit ihrer eigenartigen Form auch den Einwanderern aus den Alpen zu verdanken sind.

VAPORETTO ZATTERE

Flanieren auf den Zattere

Venezianer flanieren nicht durch ihre Stadt. Meist haben sie es zu eilig, um die prächtigen *palazzi* oder die pittoresken *campi* auch nur eines Blickes zu würdigen. Am langsamen Gehen erkennt man die Touristen, die immer wieder stehen bleiben und sich an den Schönheiten Venedigs erfreuen. An einem Ort aber spazieren auch die Venezianer nur zum Vergnügen: auf den *Zattere*, dem kilometerlangen Uferweg im Süden des *Sestiere Dorsoduro*. Anders als auf der ebenso breiten Uferpromenade *Riva degli Schiavoni* gibt es hier nur selten Gedränge, denn Markusplatz und Dogenpalast sind weit weg und deshalb verirren sich Touristengruppen fast nie hierher.

GELATERIA NICO
FONDAMENTA ZATTERE PONTE LUNGO
DORSODURO 922
TEL. 041 5225 293
WWW.GELATERIANICO.COM

Dabei wurden die *Zattere* extra für Touristen angelegt. 1880 war hier die neue *Stazione Marittima* gebaut worden, der große Passagierhafen. Da der Tourismus schon im 19. Jahrhundert die wichtigste Erwerbsquelle der Stadt war, sollten die *Zattere* als repräsentatives Aushängeschild Venedigs die Reisenden schon bei ihrer Ankunft beeindrucken. Bis dahin war der Süden von *Dorsoduro* ein Randgebiet, in dem vor allem gearbeitet wurde. Nun riss man nach und nach Lagerhallen, Werften und Hafenanlagen ab und ersetzte sie durch Wohnhäuser – keine prunkvollen Paläste, aber gepflegte Bauten im venezianischen Stil, keines höher als vier Stockwerke. Doch die Touristenströme verliefen anders als gedacht. Schon Ende des 19. Jahrhunderts kamen die meisten nicht mehr mit dem Schiff, sondern mit der Eisenbahn direkt am *Canal Grande* an, und heute steigen die Flugreisenden am *Piazzale Roma* aus den Shuttle-Bussen. Die *Zattere* blieben touristisches Niemandsland und gehören noch immer nicht zum Pflichtprogramm eiliger Kurzreisender.

Doch an sonnigen Wintertagen, im Frühling oder an heißen Sommerabenden, wenn der Mond über *San Giorgio Maggiore* aufgeht, gibt es in Venedig kaum einen schöneren Ort zum Spazierengehen. Dann sind hier die Venezianer unterwegs, man geht, man steht, man plauscht und zeigt sich von seiner besten Seite. Eine der obligatorischen Stationen der *passeggiata veneziana* ist seit über 80 Jahren die *Gelateria Nico*. Berühmt ihr Klassiker, der *Gianduiotto*-Becher. Der optische Eindruck ist nicht gerade filigran: Um zu dem berühmten Nougateis zu gelangen, muss man sich durch einen Berg frischer Schlagsahne durchfuttern, und auch das Eis selbst ist nicht sehr subtil geformt, sondern sieht aus wie ein Baumstamm (und ist anfangs auch fast ebenso hart).

Vielleicht steckt in dieser Form

eine unbewusste Erinnerung an frühere Zeiten und eine alte Tradition, der die Promenade ihren Namen verdankt: *Zattere* bedeutet ursprünglich »Flöße«, denn das gesamte Ufer war einst der venezianische Hafen für Holz und Holzkohle, wo nach abenteuerlichen Reisen die Flößer von Brenta, Etsch und Pieve mit ihrer kostbaren und schweren Fracht landeten. Holz war von alters her der wichtigste Rohstoff Venedigs. Die ganze Stadt ruht auf widerstandsfähigen Eichenpfählen, mehrere zehn Millionen Baumstämme sind allein unter den Renaissancebauten verborgen. Und dann der Schiffsbau, der ganze Wälder verschlang! Doch mit dem Rückgang der Werften und dem Aufkommen neuer Transportmittel verloren die Hafenanlagen der *Zattere* seit Ende des 19. Jahrhunderts ihre ökonomische Funktion. Heute legen hier nur noch die Superyachten der Superreichen während der Biennale an. Doch wenn man mit einem *Gianduiotto*-Becher auf dem Ponton der Gelateria sitzt, möchte man nicht mit ihnen tauschen.

49

VAPORETTO: SAN BASILIO ODER ZATTERE

Ex-Pension Romanelli

FONDAMENTA ZATTERE PONTO LUNGO 1471

TIPP

RISTORANTE RIVIERA
ZATTERE, PONTE LUNGO 1473
TEL. 041 522 7621
WWW.RISTORANTERIVIERA.IT
SCHICKES RESTAURANT GLEICH NEBEN DER EX-PENSION ROMANELLI, BEI GUTEM WETTER DRAUSSEN. MODERNE KÜCHE. DIE PURISTISCH ZUBEREITETEN GEMÜSE WIE ARTISCHOCKEN UND ZUCCHINIBLÜTEN HÄTTEN AUCH DEM ANSPRUCHSVOLLEN RILKE GESCHMECKT.

Rainer Maria Rilke liebte luxuriöse Unterkünfte, in die er sich gern einladen ließ: edle Villen, Schlösser und Luxushotels. In Venedig logierte er im *Hotel L'Europe*, das damals in Baedekers Hotel-Ranking auf Platz zwei lag. Viele Monate lang lebte er als Gast der Fürstin Marie von Thurn und Taxis sogar in einem Palast am *Canal Grande*. Doch seine produktivste Zeit in Venedig verdankte er einer einfachen Unterkunft – und einer Frau. Zehn Tage im Herbst 1907 haben den Künstler zu den Gedichten *San Marco*, *Spätherbst in Venedig*, *Venezianischer Morgen* und *Der Doge* inspiriert – einzigartige Werke der Venedig-Literatur.

Rilke lebte zu der Zeit eigent-

GELATERIA al SOLE

lich in Paris, hatte kein Geld und wollte fort. Von Venedig erhoffte er sich Impulse für sein Werk. Den Tipp für die günstige Unterkunft bekam er vom Pariser Kunsthändler Pietro Romanelli, der ihm die Pension seiner Schwestern Anna und Adelmina (Mimi) empfahl. Nachdem die beiden ihn mit einem »netten Brief« eingeladen hatten, »jederzeit zu kommen«, setzte Rilke sich sofort in den Zug (das war billiger als eine standesgemäße Anreise mit dem Schiff) und kam am Abend des 19. November 1907 in Venedig an.

Ob es die Kälte war oder die düstere, abgelegene Gegend auf den *Zattere*, in der die Pension lag – Rilke war zunächst schwer enttäuscht von diesem Venedig. Doch die Schwestern empfingen ihn überaus herzlich: Rilke bekam das beste Zimmer der Wohnung, Südlage mit Aussicht zur *Giudecca*. Sogar vegetarisch kochten sie eigens für ihn, denn der Dichter aß kein Fleisch. Der Abend klang aus mit einem kleinen Privatkonzert: Die jüngere Schwester Mimi war eine hervorragende Pianistin, dazu ungewöhnlich schön.

Auch tagsüber nahm sich Mimi seiner an, führte ihn durch das novembrige Venedig, zeigte Kirchen und Paläste und erzählte von der venezianischen Dichterin Gaspara Stampa. Rilke war begeistert. Auf Knien in einer Gondel habe er ihr seine Liebe gestanden, erinnerte sich Signora Romanelli später. Eine heftige, eine kurze Liebesgeschichte. Jedenfalls für Rilke. Als er wieder abreiste, war für ihn alles vorbei. Mimi Romanelli aber schrieb ihm noch Jahre später leidenschaftliche Briefe.

Spuren ihrer intensiven Begegnung finden sich bei Rilke sogar in den *Duineser Elegien*. Eine berühmte Strophe darin widmete er der Dichterin Gaspara Stampa, auf die ihn seine Führerin aufmerksam gemacht hatte. Mimi Romanelli aber erwähnte er nirgends in seinem Werk, keines seiner Venedig-Gedichte ist ihr gewidmet. Was er ihr verdankte, ist allenfalls sehr indirekt seinen Briefen an Ehefrau Clara zu entnehmen: »Ich erfahre Venedig nicht von einem Hotel aus: von einem kleinen Hause, mit alten Sachen, zwei Schwestern und einer Magd.«

Das kleine Haus steht noch, schön gestrichen, hell und freundlich schaut es aus. Kein Schild, keine Plakette erinnert an die einstigen Bewohnerinnen und ihren berühmten Gast.

50

VAPORETTO ZATTERE ODER BASILIO

Luigi Nonos Geburtshaus

Die Konzertprogramme Venedigs machen den Eindruck, mit Vivaldis *Vier Jahreszeiten* sei die Musikgeschichte der Stadt beendet. Neue Musik wird kaum gespielt. Dabei stammt der einflussreichste italienische Komponist des 20. Jahrhunderts von hier: der 1924 geborene Luigi Nono. Zusammen mit Pierre Boulez und Karlheinz Stockhausen prägte er die europäische Nachkriegs-Avantgarde. Obwohl er bei seinem Tod 1990 ein weitgefächertes Werk hinterließ, werden seine Kompositionen selbst in seiner Heimatstadt selten aufgeführt.

Nonos Musik ist nichts für den schnellen Konsum. Begeistert von der zweiten Wiener Schule,

CASA LUIGI NONO
ZATTERE PONTE LUNGO 1486-90

INFORMATIONEN ÜBER AUFFÜHRUNGEN VON NONOS WERKEN: FONDAZIONE ARCHIVIO LUIGI NONO, WWW.LUIGINONO.IT

den Werken Weberns, Bergs und vor allem Arnold Schönbergs, dessen Tochter Nuria er 1955 heiratete, entwickelte er einen ganz eigenen Stil: Als einer der ersten experimentierte er mit elektronischer Musik, nahm Geräusche auf, verfremdete und remixte sie am Mischpult.

Mit Venedig stand Nono lange auf Kriegsfuß. Anfang der 50er Jahre trat er in die Kommunistische Partei ein, 1975 wurde er sogar ins ZK gewählt. 1956 zog er mit seiner Ehefrau auf die *Giudecca*, damals noch Arbeiterviertel. Über Venedigs Umgang mit der Musiktradition fand er lange nur kritische Worte. Seine frühen Kompositionen wurden nicht in Italien, sondern auf Festivals in Darmstadt oder Donaueschingen uraufgeführt.

Als seine erste Oper *Intolleranza* dann doch 1961 in Venedig im *La Fenice* Premiere hatte, kam es zum Skandal. Die Neofaschisten warfen Stinkbomben und pfiffen während der Aufführung, das traditionelle Publikum buhte, Anhänger Nonos und das Ensemble hielten dagegen. Das Themenspektrum des Librettos reicht von Fremdenfeindlichkeit über Atomwaffen und Polizeistaat bis zum Neofaschismus, dazu Textfragmente aus revolutionärer Lyrik. Und dann die Musik! Bläser, Schlagzeug, ekstatische Geräusche, Gesang von Pianissimo bis Fortissimo, oft mit großen Intervallsprüngen –

ein radikaler Bruch mit den Hörgewohnheiten nicht nur der Venezianer.

Erst in den 80er Jahren machte der Komponist seinen Frieden mit Venedig und wandte sich musikalischen Traditionen der Stadt zu. Wie Andrea und Giovanni Gabrieli, die im 16. Jahrhundert mit mehrchörigen Werken für den Markusdom neue Klangräume erschlossen, setzte Nono nun auch Chöre ein, um neue Raumklangwirkungen zu erzielen. In einem Stück mit dem sperrigen Titel *Contrappunto dialettico alla mente* (Dialektischer Kontrapunkt für das Gehirn) arbeitete er mit Alltagsgeräuschen der Stadt wie dem Geschrei der Verkäufer auf dem *Rialto*-Markt und dem Klang unterschiedlicher Glocken. Dazwischen bellt ein Hund, ein *vaporetto* legt an, man hört das Tuckern der Motoren und das Glucksen des Wassers – alles auf Tonband aufgezeichnet und elektronisch verfremdet.

Mit Nono erleben wir Venedig als akustische Landschaft. Wasser und Schifffahrt prägen hier auch die Geräuschkulisse. Klänge werden weit getragen und hallen in den engen Gassen wider, vom Wasser reflektiert und absorbiert, so dass man nie weiß, woher ein Ton kommt: Venedig als Klanglabyrinth. Dazu Glockenläuten und bei Nebel das Tuten der Nebelhörner und Schiffssirenen. Nono betont nicht nur die musikalische Dimension Venedigs gegen die moderne Dominanz des Visuellen, er lehrt uns auch, den Dingen zuzuhören. Treffend ehrt ihn die Stadt mit einer Plakette an seinem Geburts- und Sterbehaus als *Maestro dei suoni e silenzi*, als Meister der Töne und der Stille.

VAPORETTO CA' REZZONICO

Ponte dei Pugni und Campo San Barnaba

CAFFÈ BAR AI ARTISTI
CAMPO SAN BARNABA
DORSODURO 2771

Besonders stolz waren die Venezianer auf ihre »weise Herrschaft«: In der Stadt herrschte Frieden, weder bekriegten sich verfeindete Adelsfamilien wie in anderen italienischen Städten noch gab es Volksaufstände. Zwar regte sich auch in Venedig immer wieder Unzufriedenheit oder Wut der Armen, aber die Regierung verstand es, sie zu kanalisieren. Zum Beispiel mit einem merkwürdigen Brauch, dessen Spuren wir am *Rio San Barnaba* noch heute sehen: die *sampe*, wie im Venezianischen die vier Fußabdrücke aus weißem Marmor auf der *Ponte dei Pugni*, der Brücke der Faustschläge, heißen. Boxwettkämpfe auf Brücken wurden seit dem

Mittelalter in ganz Venedig ausgetragen. Auf der *Ponte dei Pugni* trafen als Kontrahenten die *Nicoletti*, die bei der Kirche *San Nicolo* wohnten, auf die *Castellani* aus dem *Sestiere Castello*, die armen Fischer vom Rand *Dorsoduros* auf die arroganten Werftarbeiter vom Arsenal. Gekämpft wurde anfangs mit Händen und Füßen, Stangen und Stöcken, alles war erlaubt; erst ab 1574 durfte man nur noch mit den bloßen Fäusten boxen. Man schlug sich Mann gegen Mann, aber auch in Gruppen. Am beliebtesten waren die Großkämpfe: Bis zu 300 Männer pro Team mussten den jeweiligen Gegner von der Brücke zurückdrängen – turbulente Handgemenge auf engem Raum. Warum ausgerechnet auf einer schmalen Brücke, die damals noch nicht einmal ein Geländer hatte? Genau darin bestand der Spaß: Die Verlierer landeten im Wasser, reihenweise stürzten die Kämpfer in den Kanal – zur Freude der zahlreichen, auch adligen Zuschauer. Als mit dem Abstieg der Serenissima die Armut zunahm, wurden die Kämpfe immer gewalttätiger. Messer und Steine kamen zum Einsatz, oft endeten die Rangeleien blutig. Das war der Regierung dann doch zu gefährlich, 1705 verbot sie solche Kämpfe.

Heute geht es hier unaufgeregt zu. In den Gassen Richtung *Zattere* begegnet man selbst tagsüber kaum einem Menschen, die

Wege sind wunderbar still, fast einsam. Einige Schritte weiter an dem alten Schiff vorbei, von dem seit vielen Jahrzehnten Obst und Gemüse verkauft wird, liegt der *Campo San Barnaba*. Hier ist mehr los, denn man muss den Platz überqueren, um zum *Vaporetto*-Anleger *Ca' Rezzonico* zu gelangen. Dennoch ist es einer der angenehmsten Plätze Venedigs. Nicht zu groß, belebt, aber nicht überlaufen, dazu eine Kirche, eine *gelateria*, Restaurants, Geschäfte, ein Kiosk – und das Wichtigste, was der Mensch braucht, besonders in Venedig, ein Café: die *Caffè Bar Ai Artisti*. Ob morgens für eine schnelle Brioche am Tresen oder frühabends zum *aperitivo* auf dem *campo*, wo sich auch die älteren Damen des Viertels auf einen *Spritz* treffen: Hier werden auch die kleinen Genüsse des Alltags gefeiert, hier bekommt man mehr mit von italienischer Lebensart als anderswo in Venedig. Das hat vielleicht auch mit der Geschichte der Gegend um den Platz zu tun. Denn hier wohnten früher nicht nur kleine Kaufleute, sondern auch die *Barnabotti*, verarmte Adlige, in kleinen, von der Stadt finanzierten Wohnungen. Auch darin zeigte sich die kluge Sorge Venedigs für den inneren sozialen Frieden. Denn seit Ende des 17. Jahrhunderts verarmten immer mehr wahlberechtigte Adlige. Bevor sie unzufrieden wurden, versorgte der Staat sie lieber. In Saus und Braus schwelgen konnten sie nicht, ihr Lebensstandard war nicht höher als der einfacher Leute. Doch ihre Lebensart bewahrten sie sich.

52

VAPORETTO CA' REZZONICO

Ca' Rezzonico

Das Unglück der einen war das Glück der anderen. Die alte Adelsfamilie Bon hatte 1667 den Stararchitekten Longhena mit dem Bau eines neuen Palazzo beauftragt. Doch noch bevor der zweite Stock fertig war, kam der Bankrott. Jahrzehnte passierte nichts. 1750 gelangten dann die neureichen Rezzonico, die sich erst 1687 für viel Geld in die Aristokratie eingekauft hatten, billig zu einem Grundstück in bester Lage am *Canal Grande*. Schon 1756 war der neue Palast fertig, passend zur überraschenden Ernennung Carlo Rezzonicos zum Papst Clemens XIII. 1758. Unter dessen Ägide wurde der Palazzo zum Zentrum rauschender Feste, Karnevalsredou-

CA' REZZONICO
MUSEO DEL SETTECENTO VENEZIANO
FONDAMENTA REZZONICO
DORSODURO 3136
TEL. 041 241 01 00
WWW.CAREZZONICO.VISITMUVE.IT

SEIT OKTOBER 2022 IST DAS MUSEUM VORÜBERGEHEND FÜR RESTAURIERUNGSARBEITEN GESCHLOSSEN.

ten und Liebhaberaufführungen. Der Ballsaal, den wir heute besichtigen können, galt als der größte und prächtigste seiner Zeit. Das Ambiente ist noch original, viele der protzigen Möbel auch, dazu wurden Gemälde aus anderen Palazzi hier zu einem wunderbaren Museum des 18. Jahrhunderts zusammengetragen.

Hier sehen wir Gemälde von Pietro Longhi (1702-1785), die den Alltag der einfachen Venezianer zeigen, und von Francesco Guardi (1712-1793), der Szenen aus der besseren Gesellschaft malte. Nicht zu vergessen die pastellfarbenen Porträts der Malerin Rosalba Carriera. Überstrahlt werden sie von Giambattista Tiepolos (1696-1770) prächtigen Deckengemälden im *piano nobile* mit allegorischen Figuren in kostbaren Seidenstoffen und wollüstigen Posen. Tiepolo, damals berühmtester und teuerster Maler Venedigs, feiert hier die Stadt – und vor allem seine reichen Auftraggeber. Die sogenannte Hochzeitsallegorie stellt die Heirat Ludovico Rezzonicos mit Faustina Savorgnan dar: Vor einem duftig-zartblauen Himmel erblicken wir das erlauchte Brautpaar in der goldenen Kutsche Apolls, voran Cupido, von goldenem Licht bestrahlt, dazu allegorische Figuren des Ruhms, der Weisheit und die drei Grazien, die Familienwappen und der Löwe, Symbol der Stadt. Ein sehr bewegtes Bild: Die Kutsche stürzt förmlich in halsbrecherischer Fahrt aus dem Himmel. Das Fresko gilt als eines der Hauptwerke Tiepolos, der darin nicht nur seine Auftraggeber feiert, sondern auch seine eigene Kunst, mit dem Pinsel Illusionen zu erzeugen.

Beim Malen dieser Fresken hatte ihm wie sonst auch sein Sohn Giandomenico geholfen. Immer stand dieser im Schatten seines Vaters, der um 1750 der große alte Mann der venezianischen Malerei war. Aber die Landvilla der Familie, die der Vater 1757 gekauft hatte, malte der Sohn ganz allein aus. Diese Fresken, ebenfalls in der Ca' Rezzonico zu sehen, zeigen eine andere, dunklere Seite der Rokokowelt. Auf fahlem Grund tummeln sich Missgestalten, Bucklige, groteske Figuren mit obszönen Nasen wie eine Galerie böser Gestalten der *Commedia dell'arte*. Besonders oft taucht Pulcinella mit dunkler Maske und spitzem weißem Hut auf – ein Tölpel, gefräßig, rüpelhaft, einfältig und doch schlau. Der letzte Raum ist ganz ihm gewidmet: Aus einem graudunklen Untergrund steigen fiese Kreaturen mit Masken empor, finden ihren Weg ans Licht. Eine Leiter steht dort, Pulcinella schwingt sich auf ein Seil, das vor hellblau-weißbewölkten Himmel gespannt ist und hampelt darauf herum. In dieser bitterbösen Parodie auf die vielen allegorischen Deckengemälde, die Giandomenico im Stil des Vaters malte, hat der Himmel seine religiöse und mythologische Bedeutung ganz verloren. Bedenkt man, dass der Maler diese Fresken im Laufe von fast 40 Jahren schuf, nämlich von 1759 bis 1797, so kann man darin auch eine Art privater Dokumentation des Untergangs der venezianischen Republik sehen.

53

VAPORETTO CA' REZZONICO ODER SAN TOMÀ

Osteria alla Bifora auf dem Campo Santa Margherita

OSTERIA ALLA BIFORA
CAMPO SANTA MARGHERITA
DORSODURO 2930
TEL. 041 52 36 119

Kein prächtiger Palazzo, kein Kanal, kein pittoreskes Ambiente: Architektonisch ist der *Campo Santa Margherita* unspektakulär. Historisch verbürgt ist nicht viel: Am unteren, südlichen Ende gab es einmal ein Armenhospital für Witwen, und das kleine Häuschen in der Mitte des Platzes, das heute Ämter von Burano und Murano beherbergt, wurde 1725 als Sitz der Färber und Gerber gebaut und nach Abriss wieder errichtet. Einzig der Fischstand, der hier von dienstags bis samstags steht, hat eine alte Tradition, wie man am Schild auf dem Häuschen sieht, auf dem – wie am *Rialto* – die Mindestgröße der Fische vorgeschrieben wird. Auf dem *campo* wurde Markt ge-

halten, auch heute noch gibt es Gemüsestände hier. Allerdings hat der Platz 1863 seine Gestalt verändert. Der *Rio della Scoazzera* wurde »aus hygienischen Gründen« zugeschüttet: *Scoazze* ist der venezianische Ausdruck für Abfall, den die Händler hier einfach ins Wasser warfen. Die Leute rundum waren eher arm, bis ins 20. Jahrhundert lebten hier viele einfache Arbeiter, und der Platz war schon immer Treffpunkt und Versammlungsort der Linken.

Heute gilt der *campo* als Zentrum der Boheme, was an der Nähe zur Universität *Ca' Foscari* liegt. Aber nicht nur Studenten, auch Rentner lesen auf der Bank in der Mitte des Platzes ihre Zeitung, in den Cafés ringsum machen auch Leute aus dem Viertel einen kurzen Zwischenstopp.

Wirklich zum Leben erwacht der riesige Platz abends. Der *Campo Santa Margherita* ist einer der bevorzugten Orte der venezianischen *movida*, vor allem im Sommer. Hier stehen junge Leute dichtgedrängt, einen *Spritz* oder ein Bier in der Hand, und reden, stundenlang. Im Sommer ist es manchmal so laut, dass Anwohner sich beschweren. Auch wenn man deshalb vielleicht nicht hier wohnen möchte, ist der Platz ein guter Ort, um in einem der Cafés einen Aperitif, einen Cocktail oder ein Bier zu trinken. Auch die Weinauswahl ist ungewöhnlich gut, und überall kann man bis spät in die Nacht schnell und passabel essen, von einer *focaccia* bis zum *Kebab*, ohne Menüzwang und steife Kellner.

In der *Osteria La Bifora* zum Beispiel gibt es neben Venedig-Spezialitäten wie *polenta al nero di seppia* fast nur kalte Speisen: verschiedene Käse, *prosciutto* und Gemüse-*Antipasti*. Zwar bekommt man Ähnliches überall in Italien als Vorspeise, aber selten so fein wie hier. Selbst schlichtes Gemüse wird zum Erlebnis: Zucchini und Möhren schmecken wie frisch aus dem Garten, nur kurz gebraten und in bestem Öl mariniert, und die sorgfältig zubereiteten und exakt angerichteten Zwiebeln machen einen fast japanisch-puristischen Eindruck. Auch der Haus-Prosecco schmeckt gut. Am schönsten ist es im Winter oder an kalten Abenden. Dann leuchtet der große Gastraum schon von weitem mit Kronleuchtern und vielen Kerzen. An langen Holztischen treffen sich Studenten nach den Seminaren und teilen sich Schinken, Antipasti und Co: Essen als einfacher, kommunikativer und doch delikater Genuss. Oft wird man einfach dazu platziert. Besitzer Francesco Bernardi, Schwester Mirella und die freundliche Bedienung geben einem schnell das Gefühl dazuzugehören.

Und schließlich findet sich hier doch auch noch eine architektonische Attraktion: Ihren Namen hat die Osteria von einem zugemauerten zweibogigen gotischen Fenster, das man bei der Restaurierung hier entdeckte und das aussieht wie die Fenster am Dogenpalast.

Giudecca und San Giorgio Maggiore

VAPORETTO PALANCA

Spaziergang auf der Giudecca

Einmal im Jahr zieht es die Venezianer auf die *Giudecca* – eines alten Gelöbnisses wegen. Nachdem 1576 eine verheerende Pestepidemie mit 50 000 Toten zum Stillstand gekommen war, versprach man den Bau einer »Erlöser«-Kirche und eine jährliche Prozession. Dafür wird Ende Juli in aufwändiger Arbeit ein Holzponton über den breiten *Canal della Giudecca* verlegt, damit der Patriarch von Venedig und die Gläubigen trockenen Fußes zur Kirche *Il Redentore* gelangen. Noch heute hält man das Versprechen und kombiniert religiöses Brauchtum mit einem stimmungsvollen Volksfest auf dem lampiongeschmückten Uferkai, samt Regatta und Feuerwerk.

BAR LA PALANCA
FONDAMENTA DE PONTE PICCOLO
GIUDECCA 448
TEL. 041 528 77 19

Doch an den meisten anderen Tagen ist auf der *Giudecca* nichts los, auch die Touristen drängen kaum hierher. Außer den beiden Palladio-Kirchen *Il Redentore* und *Le Zitelle* locken keine Kunstdenkmäler, und die niedrigen Häuser auf den acht kleinen, durch Brücken verbundenen Inseln bieten keine architektonischen Highlights. Doch gerade das macht den Charme der *Giudecca* aus – hier kann man in Ruhe herumschlendern, ohne Baedeker-Sterne abhaken zu müssen.

Immer schon lag die *Giudecca* abseits vom großen Geschehen. Zuerst gab es dort nur Klöster. Im Mittelalter wohnten hier die Juden, daher wohl auch der Name. Seit dem 16. Jahrhundert aber entdeckte die feine Gesellschaft die Insel als Sommerfrische. Man baute Sommerresidenzen mit riesigen Parks und schönen Gärten, je nach herrschender Mode *à la français* oder im englischen Stil. Manch rauschendes Sommerfest wurde hier gefeiert, bis vielen Adligen nach dem Ende der Republik 1797 das Geld ausging und Villen samt Gärten verwahrlosten. Als man dann im Zuge der Säkularisierung die Klöster in Erziehungsheime und Gefängnisse umwandelte, wurde es auf der *Giudecca* wieder einsam.

Einen Aufschwung nahm die Insel erst wieder Mitte des 19. Jahrhunderts, als der einstige Erholungsort zum Industriegebiet wurde, dessen Bauten zunehmend das Bild bestimmten. Likörfabriken und Brauereien siedelten an, und deren Arbeiter bezogen einfache Wohnungen. Das imposanteste Zeugnis dieser Zeit ist das *Mulino Stucky* am westlichen Ende. In dem klobigen, schon bei seiner Entstehung 1895 umstrittenen Bau befand sich bis 1955 Italiens größte Nudelfabrik mit eigener Getreidemühle, danach verfiel der Komplex. Inzwischen ist daraus ein Luxushotel geworden, dessen spektakulären Ausblick von der Dachterrasse alle Reiseführer rühmen.

Wer keine Lust auf Luxus-Ambiente hat, geht den Uferweg entlang: immer wieder Brücken, einfache Häuserfronten, mal ein Lebensmittelgeschäft. Oder das Schaufenster des örtlichen *Milan*-Fanclubs, der wohl bessere Zeiten gesehen hat, als die *Giudecca* noch Arbeiterhochburg war. Immer wieder lohnen Abstecher, etwa zu einer der letzten Gondelwerften, den *Cantieri Rossi,* nahe dem *Rio del Ponte Lungo* oder zum *Giardino Eden* (siehe S. 189 ff.). Donnerstags morgens findet auf der *Fondamenta delle Convertite* ein ungewöhnlicher Markt statt (allerdings nicht regelmäßig): Hier verkaufen Frauen des gegenüberliegenden Gefängnisses Biogemüse, das sie im Gefängnisgarten gezogen haben, dazu Kosmetik und Deko-Artikel. Nicht weit entfernt ist das großartige Archiv der Luigi-Nono-Stiftung.

Einkehren kann man beispielsweise in der *Bar La Palanca* am gleichnamigen Anleger. Hier gibt es einfaches Mittagessen, das auch die örtlichen Handwerker schätzen. Sehr nett ist es auch draußen beim Aperitif – der Blick hinüber auf die *Zattere* steht dem vom Luxushotel kaum nach.

55

VAPORETTO REDENTORE ODER ZITELLE

Giardino Eden

Als der Engländer Frederic Eden 1884 den ehemaligen Klostergarten auf der *Giudecca* kaufte, war das Land völlig verwildert. Doch Mister Eden ließ sich nicht abschrecken. Mit Landwirtschaft kannte er sich aus – in der Agrarindustrie hatte er ein riesiges Vermögen verdient, das er jetzt gern in seiner neuen Heimat Venedig investieren wollte. Ihm war langweilig und er wusste: In dieser steinernen Stadt war ein großer Garten ein Statussymbol und damit zugleich eine Eintrittskarte in die bessere Gesellschaft. Einen richtigen Plan hatte er nicht. Nach seiner Devise »alles taugt, wenn es hier wächst« experimentierte er mit allen möglichen Pflanzen. Ein

GIARDINO EDEN
AM HINTEREN ENDE
DES RIO DELLA CROCE,
ZU SEHEN VOM GEGENÜBERLIEGENDEN
FONDAMENTA RIO DELLA CROCE

schöner Garten mit Bäumen und Blumen zum Lustwandeln sollte entstehen, aber er sollte auch rentabel sein. So verkaufte Eden Honig, Pfirsiche, Mispeln, Kaktusfrüchte, Melonen und erntete fünf Tonnen Trauben im Jahr. Sogar zwei Milchkühe hielt er. Doch musste er auch viele Misserfolge einstecken: Die kostbaren Magnolien gingen ein, Schneckenplagen, Mücken, Unwetter und Hagelkörner suchten den Garten heim. Die Gärtner schalt Eden als »unfähig«, die Saisonarbeiter »faul«, und alles musste er sich von einer langsamen Bürokratie genehmigen lassen.

Für den Schmuckgarten orientierte er sich an Gärten in Rom und Amalfi. Aus den venezianischen Gärten der Zeit übernahm er die Vorliebe für Schatten spendende Pergolen. Seine besondere Leidenschaft aber galt den Blumen: Nach und nach verwandelte er alte Kohl- und Artischockenfelder in üppige Blumenbeete und Rabatten mit Anemonen, Narzissen, Tulpen, Lilien, Nelken, Clematis, Levkojen, Iris und vor allem Rosen. Vom Frühjahr bis in den späten Herbst blühte immer etwas. Spektakulär war vor allem die Rosenblüte in der ersten Maihälfte. Als Gäste kamen reiche Amerikaner, Engländer und Künstler, die sofort begeistert waren: Henry James und Robert Browning spazierten im *Giardino Eden* umher, Eleonora Duse traf hier D'Annunzio und später Rilke, der seinen adligen Brieffreundinnen in ganz Europa von den herrlichen Rosen vorschwärmte. Als nach dem Tod Edens und seiner Frau der Garten als Industriestandort genutzt werden sollte, gab es eine internationale Künstlerpetition zur Rettung des *Giardino*, die sogar Erfolg hatte. Bis heute ist der Garten kein Fabrikgelände geworden, 1979 kaufte das Grundstück ein Künstler: Friedensreich Hundertwasser. Viele Jahre malte und lebte er im Gärtnerhäuschen. Nach seinem Tod übernahm die Stiftung Hundertwasser das Gelände und verhinderte jede neue Bebauung. Der Garten sollte in seinem natürlichen Zustand bleiben. Ein Glück? Die Stiftung versteht darunter offenbar, nichts neu zu machen – der Garten verwahrlost. Ein Ort der Begegnung ist er schon lange nicht mehr, das Grundstück ist hermetisch abgeriegelt. Auf der einen Seite stehen trostlose Sozialbauten, auf der anderen ein ehemaliges Männergefängnis und eine hohe Mauer an einem stillen Kanal.

Dennoch ist der Garten mit dem schönen Namen ein Lieblingsort, nicht nur, weil man hier fast immer allein ist, sondern auch, weil er einst Künstler wie Rilke zu wunderschönen Worten inspirierte: »Es war fast Winter, da ich diesen Garten sah, der wie bei Veronese ins Licht hineingemalt ist; damals war er durchsichtig und spröde. Aber man erzählte von seinen Rosen: daß er wie ein Korb ist im Frühling, in dem Rosen liegen, Rosen über Rosen.«

56

VAPORETTO PALANCA ODER REDENTORE

Trattoria L'Altanella

Essen gehen auf der *Giudecca*? Ins edle *Cipriani*, wo George Clooney seine Hochzeit feierte? Oder etwas bei *Harry's Dolci* naschen? Beide Orte bieten spektakuläre Blicke, beide sind spektakulär teuer und fein. Im engen Gastraum der *Trattoria L'Altanella* hingegen schaut man nur auf Wände mit vielen Bildern in Petersburger Hängung, im Sommer von der Terrasse auf einen kleinen ruhigen Seitenkanal. Die Gästeliste kann sich allerdings auch hier sehen lassen: D'Annunzio, Hemingway, Renato Guttuso, Luigi Nono und Robert De Niro waren hier.
Das Lokal ist einer der wenigen echten Familienbetriebe in Venedig, und das schon seit Genera-

TRATTORIA L'ALTANELLA
CALLE DELLE ERBE
GIUDECCA 268
TEL. 041 522 7780

tionen. Ein Ort mit gastlicher Atmosphäre, in dem jeder freundlich bedient wird. Und kochen können sie hier auch. Vor allem alles, was mit Fisch zu tun hat. Das hat Tradition. Nane Stradella, der Gründer des Restaurants, war – wie viele im 19. Jahrhundert auf der *Giudecca* – einfacher Fischer. Im Unterschied zu seinen Kollegen aber hatte er eine Idee und eine Frau, die gerne kochte: Wenn etwas vom Fang übrig blieb, bereitete sie es für zahlende Gäste zu. Bald kamen nicht nur die Nachbarn, sondern auch Dichter, Künstler und Freunde des guten Essens von der anderen Seite Venedigs.

1889 gab Stradella seinen Beruf als Fischer auf und wurde Gastwirt. Seither ist das Lokal im Besitz der Familie. Gekocht wird traditionell, aber mit eigenen Ideen. Zum Beispiel *gnocchi al nero di seppia. Nero di seppia*, tiefschwarzer *sugo* aus Tintenfisch, ist einer der Klassiker der venezianischen Küche, den man trotz des finsteren Aussehens unbedingt einmal probieren muss. Meist wird er serviert als Risotto, mit Polenta oder Spaghettini (Letzteres kann sich esstechnisch als schwierig erweisen). Die hier angebotenen selbstgemachten *gnocchi di patate*, kleine Klöße aus Kartoffelteig, gehören eigentlich nicht ins Repertoire der Venedig-Küche. Doch Großmutter Irma, auf die dieses Rezept zurückgeht, fand, dass die intensive Sauce sich mit den Gnocchi viel besser verbindet. Und sie hatte recht: *Gnocchi e sugo si sposano bene*, wie man in Italien sagt, *gnocchi* und *sugo* passen gut zusammen als Paar. Und sättigend ist dieses Essen auch. Deshalb empfiehlt sich als Dessert *uvetta alla Grappa*, ein Gläschen Grappa mit darin eingelegten Rosinen – auch ein altes Familienrezept, das daran erinnert, wie einfach Genüsse früher waren und immer noch sein können.

VAPORETTO SAN GIORGIO

San Giorgio Maggiore

In Venedig hatte Andrea Palladio einfach kein Glück. Seine Entwürfe für die Rialto-Brücke: abgeschmettert. Die Bewerbung um ein öffentliches Amt: abgelehnt. Über seine Idee, den Dogenpalast nach einem Brand 1577 im Stil der Renaissance wiederaufzubauen, wurde immerhin erbittert gestritten. Am Ende setzten sich jedoch wie meist die Traditionalisten durch: Der Dogenpalast wurde exakt nach altem Vorbild wieder aufgebaut.
Dass Palladio schließlich doch in der Serenissima bauen durfte, verdankte er ausgerechnet kirchlichen Auftraggebern. Die Kirche *San Pietro di Castello*, deren Fassade er 1558 neu gestaltete, lag zwar nur an der Peripherie,

SAN GIORGIO MAGGIORE
CAMPO SAN GIORGIO

aber immerhin, ein Anfang war gemacht. Städtebaulich interessanter war 1565 der Auftrag der Benediktiner-Abtei auf der Insel *San Giorgio Maggiore*, ihre Kirche rundum zu erneuern. Eine riskante Wahl, denn die reichen Domherren hatten im Sinn, ihr Kloster im Stadtbild Venedigs besser zur Geltung kommen zu lassen. Und dann beauftragten sie jemanden, der auf die venezianische Bautraditionen pfiff. Doch Palladio erwies sich als erstaunlich flexibel und behielt die Grundstruktur der Kirche als dreischiffige Basilika bei. Aber an der Fassade setzte er zwischen die beiden Seitenschiffe eine imposante Tempelfront, die den Gesamteindruck beherrscht. Der Mix aus christlicher Basilika und antiker Tempelfront gefiel nicht allen. Goethe zum Beispiel, sonst ein großer Palladio-Verehrer, mäkelte, diese Fassade könne gerade wegen dieses Kompromisses nicht mit anderen Bauten des Meisters mithalten. Aus der Nähe konnten ihn auch die vier sehr hoch angesetzten Halbsäulen nicht überzeugen. In diesem Punkt möchte man Goethe zustimmen. Doch aus der Ferne, von der *Riva degli Schiavoni*, der *Piazzetta* oder vom *Campanile* aus strahlt die helle Marmor-Fassade geradezu. Zusammen mit dem roten Backstein ihres Glockenturms und dem Grün der Bäume wirke *San Giorgio Maggiore* »in einer Weise gelungen, die sich mit Vernunft nicht erklären lässt«, schwärmte Henry James.

Diese Wirkung wäre ohne einen vernünftigen städtebaulichen Eingriff nicht zustande gekommen. Noch zu Lebzeiten des Architekten stand direkt vor der Kirche ein Klostergebäude, das die Fassade verdeckte. Erst 1609 befahl Doge Leonardo Donà, alle störenden Gebäude abzureißen, »damit die Kirche von allen auf der Piazza oder im Dogenpalast gesehen werden kann«. Damit erst wurde *San Giorgio Maggiore* zu einem weithin sichtbaren und gleichwertigen Protagonisten im städtebaulichen Ensemble. Mehr noch: Zusammen mit Palladios Kirchen *Il Redentore* und *Le Zitelle* auf der *Giudecca* entstand so ein ganz neuer Stadtraum, der die ehemaligen Randinseln *Guidecca* und *San Giorgio Maggiore* einbezog. Zwanzig Jahre nach seinem Tod wurde der Traum Palladios, das Stadtbild Venedigs zu erneuern, doch noch Wirklichkeit – nicht zuletzt durch die Einsicht eines Politikers.

58

VAPORETTO SAN GIORGIO

Das Labyrinth auf San Giorgio Maggiore

Venedig ist ein Labyrinth – diese Erfahrung macht jeder, der hier zu Fuß unterwegs ist. Braucht es da noch ein künstliches Labyrinth? Die *Fondazione Cini* war dieser Meinung und ließ 2011 in ihrem Sitz, dem ehemaligen Kloster *San Giorgio Maggiore*, einen Irrgarten anlegen, gedacht als Hommage an den argentinischen Schriftsteller Jorge Luis Borges. Eröffnet wurde das Labyrinth mit Hecken aus mehr als 3000 Buchsbäumen anlässlich des 25. Todestages des Autors.
Der Entwurf stammt von Randoll Coate (1909-2005), einem ehemaligen britischen Geheimdienstler und Diplomaten. Nach seiner frühzeitigen Pensionierung widmete er sich seiner Lei-

FONDAZIONE GIORGIO CINI
ISOLA DI SAN GIORGIO MAGGIORE
INFORMATIONEN ZU DEN FÜHRUNGEN:
VISITCINI.COM

TIPP

NEBEN DEN FÜHRUNGEN FINDEN AUCH REGELMÄSSIG INTERESSANTE KONZERTE STATT.

denschaft für Labyrinthe und legte seit 1975 fünfzig Hecken-Irrgärten an, mal in Form eines Fußabdrucks, mal in Form eines Symbols. In Venedig spiegelt sich wie in einem offenen Buch der Name von Jorge Luis Borges. Denn eine Erzählung des blinden Autors mit dem schönen Titel *Der Garten der Pfade, die sich verzweigen* hatte Coate inspiriert. Darin geht es um eine verwickelte Spionagegeschichte und um die Suche nach einem verlorenen Labyrinth. Am Ende stellt sich heraus, dass es sich dabei nicht um ein wirkliches Labyrinth handelt, sondern um einen Roman mit so verwickelten Handlungsfäden, dass man sich auch in ihm verirren kann. Ein typisches Borges-Thema – ein Buch als Labyrinth, in dem der Leser sich verirrt.

Doch damit führt ein Pfad aus Borges' Erzählung vielleicht doch genau an diesen Ort in Venedig. Denn die Benediktiner, die das Kloster schon um 1000 n. Chr. gegründet hatten, waren seit je Büchermenschen. Bereits im 15. Jahrhundert verfügten sie über eine damals hochmoderne Bibliothek nach Entwürfen des Florentiner Baumeisters Michelozzo, der 1433 mit dem aus Florenz verbannten Cosimo de Medici von den Mönchen aufgenommen worden war. Um 1800 wurde die berühmte Bibliothek dann von den Franzosen geplündert und zerstört. Im 19. Jahrhundert verwandelten die Österreicher das Kloster sogar in eine Kaserne, später verfielen die Gebäude immer mehr. 1951 überließ man Graf Vittorio Cini das heruntergekommene Gelände für wenig Geld mit der Auflage, er möge alles restaurieren. Der Graf machte aus dem Kloster wieder einen Ort der Bücher: Er gründete ein Forschungszentrum zur Kunst und Geschichte Venedigs. Inzwischen existiert hier auch wieder eine der bedeutendsten Bibliotheken der Stadt mit über 300 000 Büchern, die im ehemaligen Dormitorium der Padres aus dem 15. Jahrhundert untergebracht sind. Die Bibliothek ist für Studierende geöffnet. Für Touristen gibt es Führungen durch die Bibliothek, einen Kreuzgang, der nach Plänen von Palladio rekonstruiert wurde (*Chiostro dei Cipressi*, weil hier einst Zypressen standen), sowie den Labyrinthgarten. Bei Borges soll man das Innere eines Labyrinths erreichen können, indem man immer links abbiegt. Ob das eine Hilfe für das Labyrinth der venezianischen Gassen ist?

VAPORETTO SAN GIORGIO

Blick vom Campanile San Giorgio Maggiore

Venedig ist ein Fisch, wie der Titel eines schönen Buchs von Tiziano Scarpa lautet. Oder doch ein Krokodil? Um das herauszufinden, könnte man im *Museo Correr* den berühmten drei Meter langen Stadtplan konsultieren, den Jacopo de' Barbari 1500 anfertigte. Man kann sich aber auch selbst einen Überblick verschaffen und die Stadt aus der Vogelperspektive studieren: Vom Campanile des Klosters *San Giorgio Maggiore* auf der gleichnamigen Insel aus hat man den schönsten Blick auf die Stadt und ihre Lage in der Lagune. Ein (inzwischen nicht mehr so geringer) Obolus an die Benediktinermönche, die den Turm geöffnet haben, eine kurze Fahrt

CAMPANILE SAN GIORGIO MAGGIORE
ZUTRITT ÜBER DIE KIRCHE
CAMPO SAN GIORGIO

mit dem Fahrstuhl hinauf, dann steht man oben – und hat einen atemberaubenden Rundumblick über die Stadt mit Dogenpalast und Markusplatz, über die Lagune, den Lido und die vielen kleinen Inseln. Man sieht weiter als vom Campanile auf der *Piazza San Marco* – und trifft auf deutlich weniger Touristen.

Wann ist die beste Tageszeit für diesen Ausblick? Rainer Maria Rilke empfahl den Besuch gegen Abend, am letzten Tag eines Venedigbesuchs: »hinaustretend unter die freigehängten Glocken werden Sie nach allen Seiten hin die Herrlichkeit offen sehen, die weiterreicht als der Blick.« Hermann Hesse hingegen stieg öfter hier herauf, zu jeder Tageszeit, selbst bei Mittagshitze. Diese Zeit hat auch heute noch den Vorteil, dass man dann fast allein hier ist. Das Licht ist wenig fürs Fotografieren geeignet, aber es herrscht eine besondere Stimmung, wie sich Hermann Hesse erinnerte: »Ich stand einmal in einer glänzenden Mittagsstunde dort oben, die helle Stadt mit ihren drei grünen Baumgärten lag schweigend in der heißen Sonne, die Lagune, von bunten Segeln bevölkert, schimmerte matt, die Schlammbänke brannten in unbeständigen, kräftigen Farben. Mehr als alle Kunstgenüsse lag diese leuchtende Stunde ... mir im Sinn, als ich am Ende meiner Reisezeit schweren Herzens von Venedig und Italien Abschied nahm.«

Ob Venedig einem Fisch, einem Krokodil oder einem anderen Tier gleicht, ist hier oben fast egal. Man sieht vielmehr mit eigenen Augen, wie die Stadt im Wasser liegt, und versteht, warum die Dichter vom »amphibischen Charakter« Venedigs schwärmten und dass Venedig sich immer aufs Meer hin orientiert hat.

Ausflüge

VAPORETTO FONDAMENTA NUOVE

Die Toteninsel San Michele

Dunkle Zypressen hinter hellroten Ziegelmauern: Aus der Ferne ist die Insel *San Michele* von traurig-schöner Anmutung. Hier haben die Toten ihr eigenes Reich, ihre letzte Reise führte wie bei den alten Griechen über das Wasser. In Venedig ist selbst der Tod stilvoll.

Dass die Idee für den Inselfriedhof gar nicht von den Venezianern selbst stammt, ist wenig bekannt. Die Republik hatte zwar schon früh Pestkranke und Verrückte auf Inseln verbannt, ihre Toten aber hatten sie in der Stadt bestattet – die Reichen in den Kirchen, die Armen unter den *campi*. Erst ein Edikt Napoleons von 1804 zwang sie, einen Ort außerhalb zu suchen. Überall in

SAN MICHELE

Europa hatte man da schon aus hygienischen Gründen die Friedhöfe exterritorialisiert. Die Venezianer wählten als neuen Standort natürlich eine Insel: die seit dem 13. Jahrhundert bewohnte Klosterinsel *San Michele*. Seit 1876 werden alle Venezianer auf dem neuen Zentralfriedhof bestattet. Dauerhaftes Ruherecht haben hier allerdings nur die Toten alter venezianischer Familien und ausländische Berühmtheiten. Die Gebeine der anderen werden nach 50 Jahren eingeäschert oder in Ossuarien auf andere Inseln gebracht.

Berühmte Künstler wie der Komponist Igor Strawinsky (plus Gattin) oder der Choreograph Sergej Diaghilew sind als Nichtkatholiken in einem eigenen Bereich bestattet. Ihre Gräber sind allerdings – trotz netter Details wie den Ballettschuhen auf dem Grab Diaghilews – weder künstlerisch interessant noch besonders gepflegt. Auch die hochgelobte Erweiterung des Friedhofs durch den Stararchitekten David Chipperfield enttäuscht: Seine hofartig ummauerten Kolumbarien aus anthrazitfarbenem Basalt wirken wie Fremdkörper, streng, abweisend und hermetisch. Venezianer kommen nicht gern hierher – auch weil es Geruchsprobleme wegen durchlässiger Steine gab.

Interessanter – und farbiger – sind die älteren Kolumbarien im Norden und im Osten, in denen die meisten »normalen« Venezianer platzsparend in Urnen und Särgen in überdachten mehrstöckigen Wandgräbern bestattet wurden. Die alte Gräberform, die schon bei den Römern in Gebrauch war, wird allerdings modern interpretiert: Als Grabschmuck dienen Plastikblumen, Handwerkszeug und Kinderspielsachen, oft in leuchtenden Farben. Hier glitzert es in Pink, da leuchten quietschgelbe Plastikrosen, beliebt sind auch goldene Mosaikdekorationen. Nicht alles ist kitschfrei, aber bunt und sehr lebendig. Man spürt, dass sich die Hinterbliebenen um ihre Toten kümmern.

Und dann die Fotos. Hier schauen einen die Toten nämlich an, reihenweise, und doch erzählt jedes Foto eine eigene Geschichte: von der harten Arbeit, die sich im wettergegerbten Gesicht eines Fischers spiegelt, von der Mode-Leidenschaft einer eleganten Signora mit extravagantem Hut, von freundlichen Müttern, deren Bilder Sprüche für die »beste Mama« zieren, vom Glück eines Liebespaars auf einer Blumenwiese. Ausgerechnet hier zeigt sich Venedig nicht als steinerne Stadt des Todes, sondern höchst lebendig. Nirgends erfährt man so viel vom ganz normalen Alltag der Venezianer wie auf ihrem Friedhof, nirgends sonst sieht man so vielen Venezianern ins Antlitz.

Als Friedhof ist *San Michele* natürlich ein trauriger Ort und gemahnt die Besucher an ihre eigene Vergänglichkeit. Aber es ist auch ein Ort der Feier des Lebens, so wie es ist: mit Trauer, Krankheit und frühen Verlusten, aber auch mit erfülltem Leben und Momenten der Liebe.

VAPORETTO MUSEO

Murano

Muranoglas – daraus sind doch die scheußlichen Souvenirs, die einem in Venedig an jeder Ecke aufgedrängt werden?! Aus Muranoglas sind aber auch kostbare Kronleuchter, spektakuläre Vasen und filigrane Becher. Glasherstellung war Venedigs wichtigste Handwerkskunst, über 1000 Jahre ist sie alt. Nach einem großen Stadtbrand 1291 mussten alle Glasbläser nach Murano ausweichen, zu gefährlich waren ihre Schmelzöfen mitten in der Stadt. Bald darauf wurde die kleine Insel zum europäischen Zentrum der Glasherstellung. Also auf nach Murano!
Der erste Eindruck: eine große Enttäuschung. Murano wirkt wie ein Mini-Venedig mit noch

MUSEO DEL VETRO
FONDAMENTA GIUSTINIAN
MURANO 8
WWW.MUSEOVETRO.VISITMUVE.IT

TIPP

GLASKUNST VON GEGENWARTS-KÜNSTLERN Z. B. IN DER GALERIA BERENGO STUDIO
FONDAMENTA VETRAI 109/A
TEL. 041 739 453
WWW.BERENGOSTUDIO1989.COM
VAPORETTO COLONNA

mehr Souvenirgeschäften, in denen die Glasartikel zudem deutlich teurer sind. Die billigen stammen aus Taiwan und China, nur was den Stempel *Vetro di Murano* trägt, sei echt, werden wir belehrt. Sehr auffällig ist der Stolz, mit dem die Venezianer in den Geschäften über ihre Glaskunst sprechen. Zu Recht. Zwar steht und hängt in den Geschäften viel Geschmackloses vom grün-orangenen Kronleuchter bis zur flammenartigen Riesenlampe. Aber es gibt doch erstaunlich viele Dinge, die man sofort kaufen möchte: Weinkelche mit dekorativem Goldmuster, schlichte Vasen aus opakem Milchglas, Wassergläser mit zartesten eingearbeiteten Fäden oder moderner Glasschmuck in abstrakten Formen. Alle Waren werden sehr fachkundig erläutert, mit Erklärungen zu Arbeitsaufwand, Herstellungstechniken und sogar zum historischen Hintergrund.

Das hat in Murano wohl Tradition. Denn es waren Glasbläser selbst, die 1861 ein Archiv einrichteten und ihre schönsten Gläser als Grundstock für ein Museum spendeten. Das war damals keineswegs für Touristen gedacht, sondern für die Handwerker selbst, die sich von den alten Techniken und Mustern inspirieren ließen und so alte Traditionen bis heute bewahrten. Ob es sich um die *Sgraffito*-Technik handelt, mit der im 16. Jahrhundert feine Spitzenmotive ins Glas geritzt wurden, oder um Glas aus kompliziert verzwirnten Fäden, eine Erfindung der Familie Serena, die man noch heute in Murano anwendet: In einem gelungenen Muranoglas verbinden sich exzellentes Handwerk mit Wissen und Kunstverstand. Kein Wunder, dass die großen Glasbläsermeister immer schon sehr selbstbewusst waren. Ihre Arbeit verstanden sie als eigene Kunst. Und das ist auch heute noch so. Wenn die großen Firmen zum Beispiel Aufträge an Gegenwartskünstler vergeben, dann muss auch eine berühmte Künstlerin wie Elvira Bach mit Altmeister Adriano Berengo um die Gestalt ihrer Werke in Glas ringen. Sehenswert sind solche modernen Kunstobjekte aus Glas allemal. Man findet sie in kleinen Galerien wie *Berengo Studio* zwischen den Geschäften der Traditionsfirmen *Barovier & Toso* oder *Venini* an der *Fondamenta dei Vetrai*.

Auf dem nahen Campo Santo Stefano werden regelmäßig moderne Skulpturen einheimischer Glaskünstler präsentiert. Manche verschwinden nach einer Saison, manche bleiben jahrelang, wie der *Cometa di Vetro*, der Komet aus Glas, von Simone Cenedese. Das spektakuläre Objekt aus mehr als 500 blauschimmernden Teilen begeisterte Einheimische wie Touristen und galt fast schon als neues Wahrzeichen der kleinen Insel, bis es wieder abgebaut wurde. Man darf gespannt sein auf weitere Kunstwerke, mit denen Murano eine ganz eigene moderne Tradition der alten Glasbläserkunst entwickeln könnte.

VAPORETTO BURANO

Burano

MUSEO DEL MERLETTO
PIAZZA GALUPPI 187
BURANO
WWW.MUSEOMERLETTO.VISITMUVE.IT

DA ROMANO
VIA SAN MARTINO DX 221
BURANO
TEL. 041 7300 30
WWW.DAROMANO.IT

Von jeher war Burano die Insel der Fischer. Davon zeugen die mächtigen steinernen Tische am alten Fischmarkt und die rosa, hellblau und orange leuchtenden Häuschen, die früher den Fischern den Weg nach Hause weisen sollten, wenn wieder einmal Nebel auf der Lagune lag. So pittoresk werden die Häuser heute nur noch für die Touristen angemalt, die in Scharen durch die Hauptstraße *Via Baldassare Galuppi* strömen. Und die Tische am Fischmarkt werden längst nicht mehr zum Verkauf von Fischen genutzt, zu gering ist die Ausbeute.

An alte Zeiten erinnern jedoch Arbeiten aus Häkelspitze, für die die Frauen aus Burano berühmt

DESPAR

sind: Tischdecken, Kissenbezüge, Fächer, Kragen, spitzenverzierte Masken und Andachtsbildchen. Eine maschinell hergestellte Häkel-Madonna kann man für zehn Euro erstehen, von Hand gehäkelt kostet sie stolze 130 Euro. Gebrauchskunst, keine Frage, aber doch ein filigranes Kunstwerk, selbst für die, die ihre Wohnung nicht mit Andachtsbildchen und Häkelgardinen verzieren.

Häkeln ist in Burano eine alte Kunst. Verbürgt seit Beginn des 16. Jahrhunderts, hatte sie ihre Glanzzeit ein Jahrhundert später, als die filigrane Spitze aus der Lagune Venedigs in ganz Europa beliebt wurde. Ludwig XIV. trug bei seiner Krönung 1643 einen Spitzenkragen, an dem Frauen aus Burano zwei Jahre lang gehäkelt hatten. Als in Frankreich und Flandern eine eigene Klöppelindustrie entstand, erfanden die hiesigen Handarbeiterinnen eine besondere Häkeltechnik, *il punto Burano*, deren hauchfeines Fischernetz der Konkurrenz Paroli bieten konnte.

Auch als aufgrund neuer industrieller Fertigungsmethoden im 19. Jahrhundert Spitze anderswo viel billiger hergestellt wurde, war dies nicht das Ende des Häkelns auf Burano. Das ist einem Komitee unter Gräfin Andriana Marcello, Hofdame und Freundin Margherita von Savoyens, zu verdanken, das 1872 eine Häkelschule gründete. Von elf Mädchen zu Beginn stieg die Zahl der Schülerinnen bis 1906 auf 700 in zwölf Schulen. Das Engagement der Gräfin wurde hoch gelobt, doch die eigentliche Arbeit machten die Mädchen aus Burano. Nach sechs Jahren Kinderarbeit zuhause wurden sie für sechs Jahre in die Schule aufgenommen, die sie verließen, wenn sie heirateten, um dann wieder in Heimarbeit zu häkeln.

Noch in den 60er Jahren gehörte der Besuch einer *Scuola dei Merletti* zum Programm jedes Burano-Besuches, wie die amerikanische Autorin Mary McCarthy berichtet: In einem spärlich beleuchteten Zimmer sah sie unter Aufsicht einer Nonne »stumme Reihen kleiner Mädchen Spitzen für die Gesellschaft der Jesurum herstellen, einem wohltätigen Verein von ehrenwerten Damen, die den Kindern für einen Achtstundentag vierhundert Lire (etwa derselbe Lohn wie 1913) für das Arbeiten von Burano- und venezianischen Klöppelspitzen bezahlen, die sich zu hohen Preisen verkaufen lassen«. Als die Besucher näher hinzutraten und »die Kinder anstrahlen wollten, rührte sich kein Muskel in ihrem Gesicht; nur aus den erhobenen Augen schossen Blicke wie vergiftete Pfeile.«

Gut, dass es solche *Scuole dei Merletti* nicht mehr gibt. Über die Häkelkunst der Frauen von Burano informiert stattdessen ein Häkelmuseum, das die Familie Marcello gesponsert hat. In den Räumen einer ehemaligen Häkelschule vom Ende des 19. Jahrhunderts logiert Buranos Traditionsrestaurant *Da Romano*. Sehr solide Fischküche. Auf einem imposanten Wagen mit *dolci* gibt es neben üppigen Torten auch klassische *Buranelli*, Teigkringel, die mit Dessertwein serviert werden. Venezianische Preise.

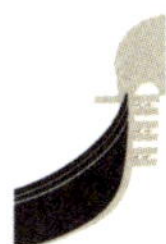

63

Fahrt durch die Lagune

TAGESTOUREN IN DIE LAGUNE
ZU EINEM SEHR VERNÜNFTIGEN PREIS:
VENICE ONBOARD
FONDAMENTA CONTARINI
CANNAREGIO 3009/G
TEL. 34 296 10 166

Wer zu Venedigs Ursprüngen zurückkehren will, muss in die Lagune, jene amphibische Landschaft, halb Wasser, halb Land, in die hinein die Stadt einst gebaut wurde. Am besten in einem traditionellen Ruderboot mit kundigen Führern. Denn außerhalb der Fahrrinnen für Motorboote sind die Gewässer seicht, mit ständig sich verändernden Untiefen, dazu Ebbe und Flut.
Von *Cannaregio* aus geht es zwischen Schrebergarteninseln hindurch, vorbei an verlassenen Munitionsdepots, verwilderten Festungsanlagen, Fischreusen und alten Hütten der Krebsfischer. Zwischendurch ein Stopp an einer Mini-Insel, vom Terrassendach einer riesigen Ho-

telruine ein spektakulärer Blick zurück auf Venedigs verschwimmende Silhouette.

Doch das eigentliche Erlebnis ist die Lagune selbst. Von weitem wirkt sie oft stumpf und schlammbraun wie das Wattenmeer der Nordsee. Doch unter der südlichen Sonne schimmert das Wasser aus der Nähe in vielen matten Farben: Perlmutt, zartes Blaugrün, Schiefertöne, dazwischen das dunklere Grün der Salzwiesen und des Seetangs. Nirgends zeigt sich das tiefe Blau des offenen Meeres.

»Aber auch die unbewegte, fast spiegelebene Lagune war unaufhörlich farbig belebt, und zwar ganz anders als das offene Meer, indem auch die lebhaftesten Farben nie die transparente Klarheit des Meerwassers annahmen, sondern alles wie durch einen gemeinsamen milchweißen Grund gedämpft und ins Zartere, Differenzierte, Flüchtigere getönt waren.« So beschreibt Hermann Hesse die Lagune, einer der wenigen Reisenden, der diese Landschaft wirklich erkundete. Einmal mietete er sich sogar für eine ganze Woche bei einem Fischer auf Torcello ein und teilte dessen Alltag: »Ich ruderte an den Inseln entlang, watete mit dem Handnetz durch die braunen Schlammbänke, lernte Wasser, Gewächs und Getier der Lagune kennen, atmete und beobachtete ihre eigentümliche Luft, und seither ist sie mir vertraut und befreundet. Jene acht Tage hätte ich vielleicht für Tizian und Veronese verwenden können, aber ich habe in jenem Fischerboot mit dem goldbraunen Dreiecksegel Tizian und Veronese besser verstehen gelernt als in der Akademie und im Dogenpalast.«

So viel Zeit wie Hesse hat heute kaum ein Tourist, und Fischer, die man begleiten könnte, gibt es auch nicht mehr viele. Doch selbst ein Tag in einem Ruderboot auf der Lagune verändert nicht nur den Blick auf Venedigs Maler. Denn nirgendwo sonst erfährt man so direkt den schwankenden, unsicheren Grund, auf dem die Stadt errichtet wurde. Und welchen Mut, welche Tatkraft, welche Vorsicht das erforderte.

An manchen Stellen ist das Wasser gerade mal zehn Zentimeter tief. Auch wer sich sehr gut in der Lagune auskennt, muss ständig hochkonzentriert nach vorn blicken und – vor allem bei Ebbe – immer wieder mit dem Ruder fühlen, ob das Boot weitergleiten kann. Das geht besser im Stehen, nur so hat man einen Überblick auf mögliche Sandbänke und Untiefen. Vorausschauend muss man hier fahren, immer auf Veränderungen gefasst, auf steigendes oder fallendes Wasser, auf einen Priel, der seine Richtung ändert. Und wenn man selbst steht und das Ruder in der Hand hält auf einem solchen flachen Boot, dann kann man erahnen, wie sich die Menschen vor 2000 Jahren gefühlt haben mögen, als sie sich dieses Zwischenreich eroberten.

BILDNACHWEIS

4 Museo di Palazzo Mocenigo
Foto: Mark E. Smith, Scala, Florenz

5 Museo di Storia Naturale
Foto: REX/Shutterstock, Berlin

12 Trattoria alla Madonna
Foto: Trattoria alla Madonna, Venedig

18 Museo Correr
Unbekannter venezianischer Maler, *Bildnis der Wettruderin Maria Boscola aus Marina*, um 1784
Foto: akg-images, Berlin

20 Teatro La Fenice
Foto: mauritius images, Mittenwald

21 Palazzo Fortuny
Foto: Markus Kirchgessner, laif, Köln

36 Carpaccio in der Scuola Dalmata di San Giorgio degli Schiavoni
Vittore Carpaccio, *Visione di sant'Agostino (Vision des hl. Augustinus)*, 1502
Foto: Bridgeman Images, Berlin

45 Accademia I: Venedig in Bildern
Vittore Carpaccio, *Miracolo della Croce a Rialto (Das Wunder der Kreuzreliquie auf der Rialtobrücke)*, ca. 1496
Foto: Bridgeman Images, Berlin

46 Accademia II: Giorgiones Tempesta
Giorgione, *La tempesta (Das Gewitter)*, ca. 1508
Foto: Bridgeman Images, Berlin

52 Ca' Rezzonico
Giandomenico Tiepolo, *Il Giuoco dell'altalena (Das Schaukelspiel)*, um 1793
Foto: akg-images, Berlin

Alle weiteren Fotos stammen von Heike Ollertz, Agentur Focus, Hamburg.

REGISTER